세상의 모든 딸들에게

Lettres à Prunelle
Alain Ayache

Copyright © Editions 1, Paris 1998
Korean Translation Copyright © Dourei Publication Co., 2001
All rights reserved.

This Korean edition was published by arrangement with
Edition 1 (Paris) through Bestun Korea Agency Co., Seoul, Korea

이 책의 한국어판 저작권은 베스툰 코리아 에이전시를 통한 저작권자와의
독점 계약으로 도서출판 두레가 갖고 있습니다. 저작권법에 의해 한국 내에서
보호를 받는 저작물이므로 무단전재와 복제를 할 수 없습니다.

Printed in Korea, 2001

세상의 모든 딸들에게

알랭 아아슈 지음 | 김주열 옮김

두레

오랫동안 인간의 악덕과 미덕을 관찰해 온 결과
나는 너에게 이 편지를 쓰게 되었단다.
성급한 사람들은 살아가면서 곧잘 함정에 빠지곤 하지.
네가 그 함정을 피해 갈 수 있기를 진심으로 바란다.
너는 이 편지에서 깨달음을 얻을 수도 있고,
몇 가지 충고는 네 자신의 경험에 맞게 수정할 수도
있을 거야. 또 지금은 비록 이 충고들이 옳은 것 같지만
시간이 흐르면서 낡은 것이 될 수도 있겠지…….
물론 수세기 동안 인간은 누구나 비슷한 문제에
부딪혀 왔을지라도 말이다!

차례 · 세상의 모든 딸들에게

- 추천의 글 – 파울로 코엘료
- 사랑하는 딸에게
- 머리말

부모의 사랑 · 22 / 날개를 달아 준 엄마 · 24 / 진정한 성공 · 26
꿈이 있는 아이 · 27 / 불운에 맞서라 · 28 / 충고 ⑴ · 29 / 충고 ⑵ · 29
부모의 삶 · 30 / 거짓말 · 31 / 진실 · 32 / 낙관론 · 33
눈을 들어 하늘을 보라 · 34 / 희망을 간직하라 · 35 / 세상은 움직인다 · 36

내면의 불길 · 37 / 의지를 단련하는 불길 · 37 / 의지 · 38 / 집중하라 · 39
성공과 실패 · 40 / 노력 없이 얻어지는 것은 없다 · 40
승리는 이미 머리 속에서 이루어진다 · 41 / 삶과 삶의 의미 · 42
어려운 일 · 43 / 삶의 우여곡절 · 44 / 사소한 문제 · 45 / 비극 · 46

즐거운 마음 · 47 / 행복 ⑴ · 48 / 행복 ⑵ · 49 / 분노 · 49
복수심을 품지 마라 · 50 / 나눔 · 51 / 소유 · 51 / 침입자 · 52 / 존중 · 52
돌이킬 수 없는 일은 없다 · 53 / 본래의 모습 · 54 / 가식 · 55
자신의 실수를 인정하라 · 55 / 이미지와 명성 · 56 / 불평하지 마라 · 57

찌푸린 얼굴 · 57 / 지나치게 남의 의견을 듣지 마라 · 58
남의 말도 듣기는 하지만 · 58 / 조심성 · 59 / 기뻐하며 일하라 · 60
일을 축복으로 여겨라 · 60 / 아름다움 · 61 / 비방 ⑴ · 61 / 아이들 · 62
'노(No)' 라고 말하라 · 63 / 야심 · 63

마음 속에서 인생의 행로를 발견하라 · 64 / 부모를 뛰어넘어라 · 65
삶과 희망 · 66 / 감사하라 · 67 / 금지된 쾌락 · 68
인생의 행로를 그려라 · 69 / 진정한 사랑 · 70 / 비밀 ⑴ · 71
사랑과 성(性) · 72 / 독립성 · 73 / 마음의 상처 · 74 / 찬사 · 75

비판 · 75 / 눈물과 흐느낌 · 76 / 힘 · 77 / 돈 · 78 / 상사 · 79
협상에서는 양쪽 모두 승자가 돼야 한다 · 80 / 거인의 아킬레스건 · 81
사람을 다루는 기술 · 82 / 선입견 · 83 / 밝아 오는 하루 · 84 / 구두 약속 · 85
질투 · 86 / 이성(理性) · 86 / 진지함 · 87 / 유머의 힘 · 88 / 대담함과 지혜 · 89

착각과 환멸 · 90 / 사랑 ⑴ · 91 / 하찮은 일과 중요한 일 · 92 / 손님 · 92
자유롭고 비판적인 정신을 가져라 · 93 / 협상할 때 · 94 / 어른들 · 94
몸과 정신을 관리해라 · 95 / 인생은 퍼즐과 같다 · 96
불의에 눈감지 말아라 · 97 / 철저히 이해하라 · 97 / 관용 · 98

영원함 · 98 / 다른 사람의 장점 · 99 / 인내 · 99 / 신 · 100
거리를 두고 생각하라 · 102 / 말의 위험 · 103 / 학력 증명서 · 104
자매관계를 소중히 해라 · 106 / 나이 · 107
에너지, 행동을 고양시키는 불꽃 · 108 / 소득 · 108

잠시 멈춰 서서 호흡을 가다듬어라 · 109 / 엄한 표정을 지을 필요도 있다 · 109
미사여구를 늘어놓는 사람 · 110 / 나쁜 생각 · 110 / 남용 · 111
어린 시절의 꿈 · 112 / 가난한 사람 · 112 / 재산에 집착하지 마라 · 113
부자에게는 돈을 빌려 주지 마라! · 114 / 슬픔 · 115

모든 우연에는 의미가 있다 · 115 / 자기 만족 안에 자기 파괴가 있다 · 116
행운이 미소 지을 때 · 116 / 출세 지상주의 · 117 / 꿈 · 118 / 순수한 마음 · 119
하나를 보면 열을 알 수 있다 · 120 / 낙심 · 121 / 들어서 이로운 진실 · 122
결점을 효과적으로 이용해라 · 122 / 기억 · 123 / 얼굴 표정을 읽어라 · 123

사기꾼 · 124 / 지배력 · 124 / 절망하지 마라 · 125 / 마음의 고통 · 125
생쥐 · 126 / 금지된 쾌락 · 126 / 취미 활동 · 127 / 의지를 기르는 방법 · 127
우정 · 128 / 호기심은 가장 좋은 스승이다 · 129
세상에서 가장 소중한 것 · 130 / 인생을 향유하라 · 130 / 정직성 · 131

비겁함 · 132 / 예절의 미덕 · 133 / 평등과 불평등 · 134
힘을 분산시키지 마라 · 135 / 비방 (2) · 136 / 배은망덕 · 137 / 수치 · 137
거절하는 방법 · 138 / 항상 희망을 품어라 · 138 / 칭찬을 남용하지 마라 · 139
자신을 감시하라 · 139 / 사랑 (2) · 140 / 자기 만족 · 140 / 충고 (3) · 141

삶은 영원하다 · 142 / 마음의 소리에 귀기울여라 · 142
바람이 강할수록 힘차게 걸어라 · 143 / 졸지 마라 · 144
일단 시작한 일은 끝을 맺어라 · 144 / 찬양 · 145 / 경쟁자 · 146 / 대담성 · 147
미래 · 147 / 인생의 우여곡절 · 148 / 강인한 성격 · 148 / 명예와 용기 · 149

명예 · 149 / 쟁취하라 · 150 / 의무 · 150 / 비판 · 151 / 비열한 행동 · 152
베품 · 153 / 운명의 방향 · 153 / 자신의 문제에 대해 거리를 유지하라 · 154
타고난 재능 (1) · 155 / 지혜 · 155 / 실력 이상의 힘을 발휘하라 · 156
장점 · 156 / 떠버리 · 157 / 자신이 맡은 일을 명예롭게 하라 · 157

겸손하라 · 158 / 훌륭한 생각 · 158 / 젊음 · 159 / 여론 · 160 / 운명 · 160
배운 다음 잊어버려라 · 161 / 무위도식 · 161 / 용서하라 · 162
반항은 당연하다 · 162 / 두려움 · 163 / 확신과 증거 · 163 / 시간을 엄수하라 · 164
자신을 지키는 법 · 164 / 진보는 결코 멈추지 않는다 · 165

신중함과 대담성 · 166 / 질문 속에 답이 있다 · 166 / 세상만사 새옹지마 · 167
먼저 화해의 손을 내밀어라 · 167 / 휴식 · 168 / 자유 · 168
재산에 집착하지 마라 · 169 / 모험 · 169 / 겸손과 무례 · 170 / 조짐 · 170
비밀 (2) · 171 / 비밀 (3) · 171 / 삶의 의미 · 172 / 환상 · 172

고독을 즐겨라 · 173 / 불확실성 · 174 / 문제마다 해결책이 있는 법 · 175
가장 중요한 미덕은 정직이다 · 175 / 노력과 행운 · 176 / 타고난 재능 (2) · 176
한 개인의 힘 · 177 / 재산 · 178 / 사소한 일도 소홀히 하지 마라 · 178
마키아벨리즘 · 179 / 논쟁 후에 상대방을 배려하라 · 179

정확성과 자유 · 180 / 자존심 · 181 / 권한을 충분히 행사하라 · 181
우유부단 · 182 / 무모함 · 182 / 동기 · 183 / 노력 · 183
소심함을 벗어 버려라 · 184 / 어리석은 사람 · 184
마음이 원하는 대로 행동하라 · 185 / 인간의 본질을 파악하라 · 185

하늘이 내린 선물, 열정 · 186 / 끝까지 밀고 나가라 · 186
누구에게나 스승은 있는 법 · 187 / 성급한 사람 · 187 / 조심하라 · 188
시비를 막는 법 · 188 / 신앙이 없는 사람 · 188 / 들어 봐라 · 189 / 책임감 · 189
아버지를 미워하지 않고 몰아 내는 방법 · 190
네가 이런 모습으로 자란다면 · 192 / 비상 · 193

● 옮긴이의 말

• 추천의 글

나는 별로 비유를 좋아하는 편이 아닙니다. 사물은 이미지와 소리, 그리고 감각과 직결되도록 간단하고 직접적으로 표현해야 한다고 생각하기 때문입니다.

그러나 모든 규칙에는 예외가 있듯 인생 역시 '여행'에 비유하는 것도 나쁘지 않다고 봅니다. 우리는 주어진 어떤 순간에 인류라는 이름의 '캐러밴(caravan)'에 태어납니다. 주위를 둘러보면 이미 여행을 시작한 사람들이 있습니다. 그들은 골짜기와 산, 그리고 사막을 지나면서 결코 우리가 볼 수 없는 것들을 경험했습니다. 시간과 자연을 거슬러 올라갈 수는 없으니까요. 그렇다면 결국 그들이 체험한 것을 우리에게 전하는 유일한 방법은 그 체험을 들려 주는 것이지요.

우리는 캐러밴에서 성장하고, 캐러밴은 과거의 어느 지점을 출발해서 미지의 어느 지점을 향해 갑니다. 우리 차례가 되면 우리는 선배들이 본 것과는 다른 산과 골짜기, 그리고 사막을 여행하면서 배우게 됩니다. 부모님이 이야기를 들려 주었듯이 우리도 우리의 경험을 아이들에게 들려 줄 것이고, 아이들은 또 자기 아이들에게 들려 줄 것이고……. 이야기는 그렇게 계속될 겁니다.

이야기는 우리의 유산입니다. 그 속에는 우리의 깨달음과 고통, 실수가 담겨 있습니다. 아야슈가 앞에서 정확하게 지적했듯이, 수세기 동안 인간은 누구나 비슷한 문제에 부딪혔습니다. 그러나 스스로의 체험을 통해 결론에 이르는 것, 그것이 삶입니다. 비록 그 결론이 이미 알려진 것일지라도 우리가 몸소 체험해야 의미가 있는 것이지요.

햇빛이 빛나고 파도가 거세던 어느 날 오후, 내가 이곳 리우데자네이루에서 읽었듯이, 언젠가 프뤼넬도 틀림없이 이 편지들을 읽을 겁니다. 물론 프뤼넬은 감동하겠지만 때로는 이런 말도 할 겁니다. "아빠는 구식이야. 지금은 아빠가 살던 시대와 달라." 그 말은 바로 내가 우리 아버지에게 했던 말입니다. 아마 아야슈가 자기 부모님에게 했던 말이기도 할 겁니다. 바로 젊은 이들의 이러한 애정 어린 반항 덕분에 우리는 앞으로 나갈 수 있고 캐러밴을 전진하게 하고 새로운 이야기를 발견할 수 있습니다.

그러나 비록 절대적 진리는 아닐지라도 아버지가 딸에게 쓴 이 아름다운 편지에는 세대 차이를 넘어서는 무언가가 있습니다. 예를 들면 우리 스스로가 결정을 내리게 함으로써 인간을 존

엄한 존재가 되게 하는 의지의 힘 같은 것입니다. 비록 그 결정이 우리에게 불필요한 위험을 초래할 가능성이 있다 해도 말입니다. 아야슈가 쓴 '어린 시절의 꿈'이란 편지를 읽으면서 나는 1994년 어느 날 아침에 일어난 일을 떠올렸습니다. 아르헨티나 출신의 한 친구와 함께 모자베 사막을 걷고 있었는데 갑자기 지평선 쪽에서 뭔가 반짝이는 것이 보였지요. 우리는 원래 협곡 쪽으로 가려고 했지만 반짝이는 것이 무엇인지 궁금해 가던 길을 바꿨습니다.

점점 따가워지는 햇살 아래 거의 한 시간쯤 걸어 그곳에 이르렀을 때 우리가 발견한 것은 단지 빈 맥주병이었습니다. 맥주병은 아주 오래 전부터 거기 있었겠지요. 병 안에는 모래가 굳어 있었습니다. 그 시각에 이미 사막은 너무 뜨거워져 있었지요. 그래서 우리는 협곡으로 가는 것을 포기했습니다.

돌아오는 길에 이런 생각이 떠올랐습니다. 우리들은 눈을 현혹하는 주위의 광채에 이끌려 얼마나 자주 자신의 길을 포기하는가?

하지만 내가 그곳에 가 보지 않았다면 가짜 광채라는 사실도 결코 깨닫지 못했겠지요. 아야슈가 말한 것처럼 회의해 가며 "지평선 너머로 상상의 날개를 펼치는 것이" 더 나을지도 모릅니다.

아야슈는 삶의 의미를 "쉽게 사는 것을 거부하는 것"이라고 말합니다. 이 말은 우리의 주변 세계를 이미 존재하는 것과는 다른 방식으로 세워나가라는 말이지요. 그러기 위해서는 종종 기존 질서를 깨고 약간의 혼란과 갈등을 불러 일으켜야 하며 슬퍼하거나 절망하지 않고 모든 것을 열정적으로 경험해야 할 필요가 있겠지요. 실패는 의미 있는 투쟁이며, 진정한 승자는 칠전팔기하는 사람입니다.

프뤼넬은 종종 이 편지를 읽고 다른 느낌을 갖겠지요. 언젠가 그 애 자신이 캐러밴 여행 중에 본 것을 이야기하게 될 날도 오겠지요. 아빠가 들려 준 말이 그 애의 가슴속에 여전히 남아 있겠지만, 또한 프뤼넬은 이 책이 쓰여질 당시에는 아직 알려지지 않았던 산이나 호수, 도시를 보게 될 겁니다. 그 애의 세계는 다를 것이고, 아빠의 편지에 언급되지 않은 무언가가 있다면 그건 우리가 아직 모든 것을 둘러보지 않았기 때문일 겁니다. 그러나 이 글에 담긴 사랑은 그것이 나타내는 단어나 개념을 넘어서고 세상이 아무리 바뀌더라도 변하지 않을 것입니다.

프뤼넬아, 어차피 우리가 건너 보지 않은 저 넓은 바다에 대해서는 알 수 없는 법이란다.

프뤼넬, 네가 만일 너의 얘기를 하게 된다면 네 아빠가 이 책에 쏟은 사랑만큼 하렴. 이미 3000년 전에 솔로몬이 하늘 아래 새로운 것은 없다고 말했을지라도, 우리들 세대가 절대로 너희들에게 모든 것을 가르쳐 주지 못한다는 사실을 기억하렴. 그건 어쩌면 다행스러운 일이지. 그렇기 때문에 너는 놀라운 일, 미지의 일, 기상천외한 일들을 경험할 기회를 가질 거야. 너의 인생 행로는 늘 이 편지들의 영향을 받겠지만 네가 떼어 놓는 발걸음은 너의 아빠가 이 책에 썼듯이 너 자신이 책임져야 할 거야.

그런 맥락에서 우스갯소리 하나 하고 내 얘기를 마치고 싶구나.

한 전통적인 유태인 가정의 엄마가 자기 아들을 될 수 있으면 엄하게 가르치려고 했단다. 명문 학교에 입학시키고 친구를 골라 주었으며 인생에서 중요한 것을 가르치고 좋은 책들을 골라 읽혔지. 그런데 아들은 개성이 강해서 자기 마음 내키는 일만 했단다.

그 씩씩한 엄마는 죽어서 곧바로 하늘나라에 갔지. 지상에서 희생의 본보기가 되는 삶을 살았으니까. 그러나 그 엄마는 아들에게 인생에서 중요한 것을 전부 가르치지 못했다는 생각을 하며 우울한 나날을 보냈단다.

그러던 어느 날, 그 엄마는 차츰차츰 하늘나라가 자신과 같은 처지에 있는 엄마들로 넘친다는 사실을 발견했지. 엄마들은 모두 근심스레 아이들을 바라보며 하느님께 도움을 청하느라 여념이 없었고 가족을 좀더 강하게 통제하지 못했다는 자책감에 빠져 있었단다.

어느 화창한 날, 그 어머니는 다른 어머니들과 이야기를 나누다가, 아니 정확히 말하자면 자기 아들의 한심한 행동에 대해 한탄을 늘어놓다가, 성모 마리아가 지나가는 것을 보았단다.

"저기, 아들 교육을 잘 시킨 분이 오시네! 가서 그 비결 좀 물어 봅시다!" 그 엄마는 소리쳤지.

엄마들은 우르르 마리아에게 몰려갔고 입을 모아 예수의 생애를 찬양했단다.

"댁의 아드님은 현자였지요. 아드님은 자신의 임무를 모두 수행하며 진리의 길을 걸었고 단1초도 그 길에서 벗어나지 않았어요. 오늘날까지도 집안의 자랑거리잖아요."

"다 맞는 말씀입니다." 마리아는 상냥하게 대답했단다. "하지만 여러분이 정말로 진실을 알고 싶다면 말하겠어요. 그 애가 다른 사람들을 보살피는 남다른 재주가 있다는 것을 알았을 때, 내 바람은 그 애가 의학 공부를 하는 것이었답니다……."

1998년 6월
파울로 코엘료(『연금술사』의 저자)

• 사랑하는 딸에게

언젠가 다 큰 숙녀가 되어 있을 너를 위해 나는 이 글을 쓴다. 너의 엄마와 내가 너에게 가르치는 것은 몹시 불완전하단다. 그건 단지 사랑이고 애정일 뿐이지. 우리는 네가 오랫동안 천사 같은 순수함을 간직하길 바란다. 그래서 강압적인 명령이나 훈계는 삼가고 있단다. 내 경험과 충고가 담겨 있는 이 글에서 뭔가 도움이 될 만한 것을 끌어 내는 일은 전적으로 너 자신에게 달려 있을 거야. 물론 그것도 네가 원한다면 말이다.

……이 글에서 뭔가를 배우든지, 아니면 까맣게 잊어버렸다가 언젠가 다시 읽어 보고 그 가치를 확신하든지, 그건 너의 몫이라는 말이지……. 너에게 '생각을 이끌어 주는 스승' 노릇을 하고 싶은 의도는 없단다. 단지 아빠로서 자녀에게 자기 영혼의 가장 좋은 부분을 내주고 싶은 고지식한 마음뿐이란다…….

• 머리말

프뤼넬아, 나는 너와 함께 기차를 타고 가면서 이 편지를 쓰기 시작했단다.
그때 너는 태어난 지 겨우 5개월이었고, 네가 귀엽게 웃었을 때, 그건 바로 천사의 미소였지.
문득, 나는 신뢰를 가득 담고 쳐다보는 너의 커다란 두 눈을 보았단다.
뚫어져라 쳐다보는 너의 시선은 대단히 인상적이었지.
아주 짧은 2~3초 동안이었지만 나에게는 '영원'처럼 느껴졌단다. 너의 눈망울은 "아빠, 삶에 대해 얘기 좀 해 주실래요?"라고 진지하게 묻는 것 같았지.
그래서 나는 이 편지를 쓰게 되었단다.
나는 이 편지에서 네게 모든 것을 털어놓으려고 한다. 내가 아는 것은 모두.
네가 글을 읽을 나이가 되어 이 편지들을 발견하게 될 때, 너는 내게 감동을 준 그 순수함과 신뢰를 간직한 채 삶에 대해 눈을 뜰 수 있을 거야.

네가 이 책에 담긴 솔직하고 진지한 성찰들을 관대하게 받아들이고 지나치게 냉소적이지 않았으면 좋겠다. 이게 바로 아빠가 너에게 바라는 것이란다.

이 글은 자기 자녀가 인생을 비관하지 않고 자신 있게 삶을 살아갈 수 있도록 돕고 싶은 아빠의 편지란다. 물론 너도 알게 되겠지만 세상의 모든 부모들은 자신의 생각에 강한 확신을 가지는 경우가 많단다.

그러나 나는 편지에 회의와 의문을 담으려고 했지. 따라서 네가 나의 '충고'를 으레 지겨운 훈계 정도로 받아들인다면 나는 몹시 서운할 거야.

읽어 보고 공감할 수 있는 부분을 선별해서 네 삶에 보탬이 되게 하렴.

우선 부모에 관해 몇 가지 알아 둬야 할 게 있단다.

세상의 모든 부모들처럼 우리도 네가 행복하고 온화하며 사랑이 넘치고 안정된 성품을 갖추기를 기원한단다. 그리고 또 네 미래가 장미꽃으로 수놓아진 길이 되기를 바라고……. 물론 가시가 없는 장미로 말이다!

그러나 그건 실현 가능성이 없는 소망이지. 살다 보면 실망스러운 일들이 일어나게 마련이니까.

그렇지만 우리는 네가 어떠한 어려움도 극복할 수 있도록 최선을 다해 도와 주려고 한다.

물론 너의 인생에서 돌발하는 난관은 어디까지나 너 자신이 풀어 가야 한다는 사실을 잊지 말아라.

그렇다면 부모의 충고라는 것이 무슨 보탬이 될까?

아이들은 가끔 부모의 충고에 귀를 기울이지만 시간의 흐름과 함께 잊어버리지.

그렇다고 해도 항상 무언가는 남아 있는 법이다.

또한 이미 알고 있겠지만 너는 부모가 결코 완벽하지 않다는 사실에 새삼 안도할지도 모르지.

그것이 말하자면 '불완전한 주관성'이란 것이겠지.

따라서 세월이 흘러가면서 너의 비웃음을 살지도 모를 이 편지들로부터 뭔가를 얻어 내려 한다면 너 자신의 적절한 판단이 필요할 거야.

부모의 사랑

어렸을 때에 나는 곧잘 이런 생각을 하곤 했단다.
언젠가 크면 아빠의 발자국을 따라가면서 아빠의 것은
지우고 내 것을 남겨야지. 그러나 길고 긴 세월 동안
단 하루도 내게 날개를 달아 준 아빠의 든든한 모습과
투박한 애정을 기억에서 몰아 낼 필요를 느끼지 못했단다.
그런 추억은 우리 마음속에 굳건히 자리잡아 울적할 때
희망을 솟구치게 하고 자신을 추스를 수 있는 힘을 주지.
내가 너에게 지금, 그리고 앞으로도 그처럼 훌륭한
모습으로 남을지 모르겠다. 네가 나를 '친구' 같은 아빠로
기억할지―나는 그건 싫다―아니면 한없이 자애로운
모습으로 기억하게 될지 모르겠다.
하지만 내게 분명한 것은 네가 비록 지겨워할지라도 선택의
길목에서 뒤돌아보지 않고 앞으로 나아갈 수 있도록 계속
너를 안내해야 한다는 거야. 글쎄 착각일지 모르지만 네가
호의적이고 관대하게 봐 준다면 이 글이 헛되지 않으리라고
믿는다. 나도 주위 사람들보다 자기 자식들에게 존경받는
것이 더 어렵다는 사실을 알고 있단다.
너의 울음소리를 들으면 내 어린 시절이 생각나는데,
그 울음소리를 그치게 할 수 있는 건 인형놀이밖에 없지.

그러나 나는 그런 식으로 이 글에 담긴 '진실들'을
강요하진 않으련다. 나는 네가 원할 때 꺼내서 읽어 볼 수
있도록 시간에 맡기는 방법을 택했단다.
내가 생각하고 믿는 바를 네게 들려 주고 싶구나.
아빠가 마땅히 자식들에게 털어놓을 수 있는 말을 하려는
거야. 그렇게 하면 우리 사이에는 갈등이 없지 않겠니?
굳이 말하려고 하지 않아도 된다. 네가 미소짓거나
기회 있을 때 무심코 한 마디 한다면, 나는 네가 이 편지들 중
몇 개를 읽었다고 알아차릴 수 있겠지.
무인도에서 길을 잃은 선원들은 병에 최후의 희망을 담아
바다에 던진다고 하지 않니?
나의 소박한 소망은 이 글이 언젠가, 어떤 식으로든지
너에게 도달하는 거란다.

날개를 달아 준 엄마

내가 어렸을 때에 엄마는 내게 이런 말씀을 하곤 하셨다.
"얘야, 우리가 늙으면 네가 우릴 돌봐 줘야 한단다!"
그때 나는 사명감을 갖긴 했지만 그것이 책임감을
북돋운다는 사실은 몰랐지.
고등학교에 진학한 지 얼마 되지 않은 때였단다.
나는 학교로부터 "떠나 달라"는 말을 들었는데,
그 이유는 공부에 소질이 없다는 것이었어.
그때 쥐구멍에라도 들어가고 싶었던 내 심정을 상상해 보렴!
그런데 엄마는 그 '고통'에서 좋은 일이 생길 거라며
나를 위로했단다! 엄마는 내게 이렇게 말했어.
"이제 네가 너의 스승이 되는 거야. 네가 읽을 책도 고르고
좋아하는 문제에 관심도 가져 보렴. 그러면 나중에 그 문제에
관해서 다른 친구들보다 더 많이 알게 될 거야."
엄마는 내게 날개를 달아 줄 줄 알았지. 무료함을 달래려고
내가 거울 앞에서 혼자 탁구 연습을 하자
엄마는 이렇게 말했단다. "넌 탁구 챔피언이 될 거야."
2년 후, 나는 정말로 알제(Alger, 알제리의 수도) 시의
챔피언이 되었단다!
엄마는 자신감을 심어 주는 재주가 있었지.

엄마는 내가 의지가 굳은 아이라고 수도 없이 말씀하셨단다.
내가 의지를 가지게 된 것은 순전히 엄마 덕분이야.
내가 태어날 때 부모님은 연로하셨고,
나는 두 분이 가능한 한 오래 사셨으면 하고 기도했단다.
내가 부모님의 죽음을 견뎌 낼 수 있을 만큼 어른이
될 때까지 두 분이 사시도록 말이다. 부모님은 25년 후에
돌아가셨으니까 내 기도는 이루어진 셈이지!
그래도 엄마가 돌아가셨을 때 나는 일찍 엄마를 잃은
아이처럼 슬펐단다. 인간은 원래 그런 존재여서인지
가려진 고통을 살짝 건드리기만 해도 눈물이 핑 도는구나.

진정한 성공

진정한 성공이란 부자가 되는 것이 아니라 무엇이든
자신이 정한 목표를 이루는 것이란다.
기업체 사장이 되든, 불교 승려가 되든—안 될 거 없잖니?—
필하모니 오케스트라와 협연하는 연주가가 되든, 어쨌든
자신의 일에 만족하는 거야. 이런 성찰은 내 자신의 경험에서
나온 것이므로 다른 그 무엇보다 풍요롭고 소중한 거란다.
자신의 일에 만족하는 것, 이것은 아이들에게 저마다
꿈을 실현할 수 있는 길을 열어 주지.
노력과 의지, 그리고 열정으로 이루어진 삶에 대한
나의 비전이 너에게 전해졌으면 좋겠다. 이러한 비전이
지금의 나를 있게 했단다. 그 덕에 나는 어떤 후회나 구속도
없이 좋아하는 일을 하면서 행복한 삶을 누리고 있지.
하지만 이를 염두에 두면 누구나 자신의 개성과 야망에 따라
인생에서 성공하는 방법을 찾을 수 있을 거야.

꿈이 있는 아이

아이들은 대개 자라면서 꿈이 점점 사그라지게 되지.
하지만 아이의 꿈이 무엇이든 비록 그것이 고상하지 않더라도,
용기를 북돋아 주어야 한단다. 그리고 아이에게
자기 표현의 기회를 주고자 한다면 우선 아이를 신뢰해야 해.
가능한 한 자주 신뢰감을 표현하는 것으로부터 시작하는
거야. 신뢰를 불어넣어 주면 아이는 추진력을 갖게 되지.
나는 다른 엄마들처럼 자녀가 장차 큰 인물이 될 거라는
꿈을 지녔던 우리 엄마로부터 강한 의지를 배웠단다.
어떻게 하면 되는지, 넌 아니? 별 거 아니야.
어머니는 내가 밖에 나가 놀기 시작하던 때부터
주위 사람들에게 끊임없이 말하곤 했지.
"우리 아이는 의지력이 대단해요." 나는 그 말을 믿게 되었고,
결국 엄마 말이 옳다는 것을 입증하기에 이른 셈이지!

불운에 맞서라

인간은 자기 운명에 갇혀 있는 걸까, 아니면 비록
벗어날 수 없더라도 방향을 바꿀 수는 있는 걸까?
이 문제에 바로 대답한다면 그건 철학적 사고에 대단히
능통했지만 안타깝게도 이를 판단할 수 없었던
지난 수백 년 동안의 많은 사람들을 모독하는 일일 거다.
우리가 확인할 수 있는 것은 무엇일까?
어떤 사람들은 자신의 삶에 대해 방관자이거나 수동적인
인간인 반면 다른 사람들은 피할 수 없는 것처럼 보이는
운명을 거부한다는 사실이지.
후자는 숙명처럼 실패에 실패를 거듭하면서도 복종하기를
거부하는 사람들이지.
이처럼 불운에 맞설 줄 알았던 불굴의 인간들은 뜻밖의
성공으로 보상받기도 한단다!

충고 (1)

자존심을 내세우기보다는 사랑을. 원한을 간직하기보다는
기억을. 증오하기보다는 차라리 무시해 버리거라.
그리고 신뢰는 아주 조금씩 쌓아 가라. 겸손하되 소심하지
말 것이며 진실을 말하되 상대방이 받아들이기 어려운
진실은 말하지 말아라. 욕망을 따르되 그것의 노예가
되어서는 안 된다. 냉소를 보내도 좋으나 신중할 것이며,
대응할 능력이 없는 사람에게 지나친 언사로 상처를
주지 않도록 각별히 신경 쓰거라. 이 충고들 중 일부만
따르더라도 너는 인간성을 잃지 않고 세상을 살아가게 될 거야.

충고 (2)

네가 출세하는 데 필요한 충고들이 많이 있지만
그것은 주로 남의 환심을 사기 위한 태도, 위선, 아첨에 속하는
것이므로 그런 충고는 하지 않겠다. 힘있는 자들과의 교분을
열망하고 자신의 신념은 포기하면서 굽실거리는 연습을 하고
높은 지위를 탐하는 등등……. 네가 절대로 그런 유혹에
빠지지 않도록 하느님께 기도하마.

부모의 삶

자녀들 앞에서 아빠들은 모두 다 순수한 법이지.
너의 아빠도 예외가 아니란다. 나는 눈을 크게 뜨고
변화하는 모든 것들을 관찰하며 본질을 파악하려 노력했단다.
다른 사람들과 마찬가지로 열심히, 숨차게 달려왔지.
그리고 아름다운 것들을 쌓아올렸어. 네가 나의 그런 노력을
평가해 주면 좋겠다. 나는 다른 사람들보다 더 엉뚱한 꿈을
꾸었단다. 모은 재산을 편안히 즐기자면 일을 그만둬야
했겠지만 쉬지 않고 꾸준히 창조하고 싶었지. 물론 위험이
없지 않았지만 말이다. 그리고 남자답지 않게 자주 울었다.
영원히 살기라도 할 것처럼 하루도 빠짐없이
일을 계속했지. 친한 사람들이 죽는 것도 보았지만
마치 예술가가 되지 못한 것에 한을 품은 장인의 정신으로
악착같이 일에 매달렸다.
나이가 들어가면서 익은 과일이 떨어지듯 저절로
찾아오는 대접은 거부했단다. 계속 치열하게 살아갔지.
불안과 절망, 그리고 몰이해 속에서 살았지만
시간이 가는 줄 모를 만큼 많은 기쁨을 맛보기도 했어.
따라서 이제는 되도록 오랫동안 네 곁에서 네가 커 가는
모습을 지켜보고 싶구나.

거짓말

어른들은 거짓말에 능숙하고, 사람들은 커 갈수록
거짓말을 무기로 삼는다.
흔히 나쁜 짓을 감추거나 실수로, 또는 주위 사람을
보호하려고 거짓말을 한다지만 사실 거짓말은
자신과 주변 사람들을 믿지 못한다는 증거란다.
솔직하게 털어놓는 것이, 결국은 부메랑처럼
너 자신에게 되돌아올 거짓말보다 낫단다.
너의 부모가 이해나 용서하지 못할 행동은 없거든.
그러므로 거짓말을 무기로 삼지 않겠다고 약속해다오.
너 자신이 반드시 그 무기의 공격을 받게 될 테니까 말이다.

진실

진실에 대해서 사람마다 말하지만 너도 짐작하듯
한 마디로 정의하기 어렵단다.
진실은 각양각색이고 그런 다양한 모습 때문에 이따금
완전히 의미가 없어지기도 하지. 따라서 하늘이 내려 준
것말고는 보편적인 진실이란 없단다. 거짓말하기 좋아하는
사람의 눈에는 거짓말이 진실 같아 보일 수 있다.
소설가는 이야기 편의상 진실을 자유자재로 바꿀 수도 있지.
장군은 병사들을 전쟁터로 내몰기 위해 국가를 위한다는
거짓 명분을 내세우기도 하지.
실연당한 사람은 자신을 버린 옛 애인이 찾아와 용서를
구할 때, 거짓말 중에서 가장 파렴치한 거짓말을
해도 금세 진실이라고 믿어 버린단다.
우리가 믿고 싶어하는 사실이 진실인 셈이지.
이 말을 하는 것은 네가 받아들일 정보들을
서로 다른 각도에서 신중하게 바라보도록 하기 위해서야.
그래야만 유일하지도 불가분하지도 않은 진실에 좀더
가까이 다가갈 수 있단다.

낙관론

비가 오건, 바람이 불건, 눈이 펑펑 내리건,
번쩍번쩍 번개가 치는 밤이건, 무더위가 기승을 부리건,
글쎄…… 이 모두가 좋은 날씨라고 생각해야 한다.
어떠한 경우에도 날씨는 좋은 것이지!
과수원을 적시기 위해 비가 오고, 공기를 깨끗이 하려고
바람이 불고, 포도를 익히려고 날씨가 뜨겁다면,
구름 한 점 없이 파란 하늘만 바랄 이유가 있겠니?
예술가들은 변화무쌍한 하늘을 소재로 해서 걸작을
만들어 냈단다. 또 아이들은 눈을 가지고 신나는
눈사람을 만들잖니? 그렇게 인생을 바라보면
하루하루가 전날보다 청명하고 경이롭게 보일 거야.
먹구름이 낀 하늘이 우울하게 느껴지면
눈을 들어 하늘을 보아라.
먹구름 위로 태양이 빛나고 있음을 보게 될 거다!

눈을 들어 하늘을 보라

네가 정성을 쏟으면 인생은 그 백 배로 돌려 준다는 사실을
잊지 말아라.
삶에 대해 푸념하고 하늘이 무심하다고 원망하는 사람들의
말은 귀담아 듣지 말아라.
살아 있다는 사실 자체가 축복이므로 네 주위에 행복과 기쁨을
전해라. 그래서 그들이 삶의 가치를 깨닫도록 도와 주어라.
누구나 그러하듯 너 역시 불의의 사고나 실망스러운 일,
또는 시련에 격분해서 세상을 저주하게 될 때가 있을 거다.
그러나 그런 실망이나 환멸이 없다면 네게 다가올
행복한 순간들을 맞는 기쁨이 그리 크지 않을지도 몰라!

희망을 간직하라

실패의 늪에 빠지거나 또는 그렇다고 생각될 때
결코 절망하지 말아라. 희망의 날들이 찾아올 테니까.
살다 보면 겪게 마련인 골치 아픈 일들에 사로잡혀
속상해하지 말아라. 밝아 오는 새날을 축복으로 맞이하고
최대한 유익하게 활용해야 한다.
마지못해 자리에서 일어나는 사람들, 물론 고된 일이겠지만
해야 할 일을 꺼리는 사람들, 날씨가 나쁘다고 불평하는
사람들, 늘 이 사람 저 사람을 탓하다 급기야 자신까지
탓하고 마는 사람들, 그들은 이렇게 생각해야 하지 않을까?
'건강한 것은 정말 행운이야. 불평하는 대신에 주어진 삶에
경의를 표해야지.' 삶을 살아가는 데는 두 가지 방식이
있다는 것을 너도 알 거야.
비관론에 빠져들 필요가 있을까? 긍정적인 자세로 임해
사소한 일에서도 감미로움을 만끽해 보면 어떨까?
그렇게 하면 우리는 건전한 신체와 정신을 길러 낼 수 있고
가는 곳마다 더욱 더 가볍게 걸을 수 있지.

세상은 움직인다

낙관론자가 되어야 할 이유는 많지.

미래가 불확실하다는 사실, 그 점은 인생을 흥미롭게 하지.

그리고 미칠 것 같은 고통에도 항상 끝이 있게 마련이라는

사실과 우리가 죽은 뒤에도 우리가 사랑하는

사람들의 삶이 지속된다는 사실을 생각해 보렴.

비관론자들이나 패배주의자들 또는 현 상태를

고수하려고만 하는 사람들의 말은 귀담아 듣지 말아라.

희망을 불어넣는 힘찬 말만 듣고 앞으로 걸어나가면

많은 사람들과 사귀게 될 거야.

또한 네가 마음먹으면 불가능하던 것이 가능해질 수 있는데,

그 이유는 길을 찾다 보면 항상 다른 방법이 있으며

한계를 넘어설 수 있는 것들도 있기 때문이지.

세상이 아무리 넓은들 네 신발이 너무 작다면

무슨 소용이 있겠니? 그러니 앞으로 걸어나가서 심호흡을

하고 바깥 세상의 다양한 모습과 움직임을 관찰하렴.

돌아다니며 세상의 소리를 들으렴.

세상은 움직이니까 그와 함께 너도 움직이렴.

내면의 불길

사람에게서 뿜어져 나오는 에너지는 한눈에 보인단다.
높이 날아오르도록 날개를 달아 주는 불길, 그 내면의
힘이 없다면 어떤 위대한 일도 이루어질 수 없지.
에너지라는 강력한 모터는 의지와 결단이라는 연료에 의해
불꽃으로 점화되고 타오른단다.
네가 행동으로 뛰어드는 결정적인 순간, 바로 그 에너지가
운명을 네 편으로 만들 거야.
그것을 잠든 채로 방치해 두지 말아라.
내면의 불길은, 네가 잘 돌본다면, 결코 꺼지지 않을 거야.

의지를 단련하는 불길

고통과 실패와 시련은 '의지'라는 무쇠를 단련하는
불과 같단다. 무쇠는 불에 달구어야 강철로 변하지.
그렇게 해서 일단 힘이 생기면, 그것은 결코 너를 떠나지
않을 거야. 그리고 너는 다른 사람들이라면 나약한 성격 때문에
포기하고 말았을 수많은 시련을 극복하게 될 거다.

의지

의지가 없는 사람은 척추 없는 인간과 같단다.
애야, 의지란 뭐랄까, 노력을 통해서만 얻어질 수 있는
것이란다. 영감이 타고난 재능이라면—그것은 습득되지
않기 때문이지—의지는 타고난 재능의 부족을 보완하도록
자연이 인간에게 내려 준 밧줄과 같은 거란다.
내 말을 잘 들어 보렴. 언젠가 암초에 걸리고 말 적당주의를
버리고 남들은 포기하고 내려가는 비탈길을 올라가려고
해보렴. 그러면 아무리 써도 고갈되지 않는 의지를 넘치도록
얻게 될 거다. 사실 그것은 너무나 쉽게 얻을 수 있는 성공의
지름길인데도 모든 사람이 그것을 가지려 하지 않는다는
사실이 놀라울 뿐이야. 한 번 더 말하지만 '의지를 가지려고'
노력해야 한다. 의지가 강한 사람은 실패했을 때
하늘을 탓하기보다는 자신을 탓할 거야.
의지가 강한 사람은 뛰는 게 느릴 때 의지로써
조금 더 빠르게 뛸 수 있을 거야. 아플 때에도
다른 사람들보다 고통을 잘 이겨 내고 다스릴 수 있을 거야.
작은 일부터 시작해서 의지를 단련하는 법을 배우거라.
되도록 하찮은 일에도 의지가 발휘될 수 있게 하고
너무 오랫동안 방치해 두지 않도록 신경을 쓰거라.

가령 너에게 손톱을 물어뜯는 버릇이 있다고 가정해 보자.
그건 내가 아주 어려서 가졌던 버릇이란다.
나는 '보기 흉하다, 신경과민이다, 불안하다는 증거다' 라는
말을 수없이 들었지. 그래서 나는 그 '불건전한 쾌감' 을
하루, 이틀, 내리 사흘 동안 참았고, 마침내 그 버릇을 고치게
되었단다. 그러자 주위에서 나를 모욕하던 비난과 조롱도
더 이상 듣지 않게 되었지. 그 일은 나의 첫 승리였고,
그 승리 덕분에 나는 의지의 효용을 발견할 수 있었다.
의지가 네 활시위 중 하나가 되었으면 하는 마음 간절하구나.
물론 네가 원한다면 말이다.

집중하라

앞으로 네가 어떤 임무를 맡거나 할 일이 있을 때는
힘을 분산시키지 말아라. 적극적으로 행동하는 것과 흥분해서
우왕좌왕하는 것을 혼동해서는 안 된다.
내 자신은 그런 실수를 해서 시간을 많이 낭비했지. 경기를
바로 앞둔 일류 선수처럼 자신을 '집중' 시킬 줄 알아야 한다.
말하자면 정해 놓은 목표만 생각하면서 힘을 모으는 거야.

성공과 실패

사람이 실패만 거듭하거나 성공만 계속하는 법은 없단다.
따라서 실패를 두려워해서도, 성공에 만족해서도 안 된다.
절망을 극복하고 성공의 도취에서 깨어날 때,
너는 실패를 딛고 일어서는 것이 쉽게 얻어진 승리보다
훨씬 값지다는 사실을 깨닫게 될 거다.

노력 없이 얻어지는 것은 없다

타고난 재능 덕분에 일이 쉽게 풀린다 하더라도
그것만으로 성공할 수 있다고 믿는 것은 잘못이란다.
자신의 능력을 최대한 발휘하려는 노력은 꼭 필요한 것이지.
자신이 없을 때는 오랫동안 내버려둔 너의 잠재 능력에
호소하렴. 네가 부르면 잠재 능력은 틀림없이 잠에서
깨어날 거야. 시련이 닥쳐오면 반드시 극복할 수 있다는
신념과 자신감을 가지고 과감히 맞서는 거야.
자신감을 가지기 위해 이렇게 되뇌어 보렴.
노력은 결코 헛되지 않으며, 사소한 것일지라도
성공은 매번 특별한 기쁨을 안겨 줄 거라고.

승리는 이미 머리 속에서 이루어진다

성과로 나타나기 전에 승리는 이미 머리 속에서 얻어지는 법!
정해 놓은 목표에 집중할 때, 다시 말해 그날을 위해
마음속으로 준비할 때 승패는 이미 판가름난다.
넌 아마 내 말이 과장이라고 생각하겠지?
혹시 사무라이 나라에 갈 기회가 있거든 활쏘기 명인들이
훈련하는 곳에 가 보아라. 오랫동안 과녁을 뚫어져라
쳐다보는 명궁수를 보게 될 거야.
그리고 나서 그는 띠로 눈을 가리고 활을 잡은 다음
시위를 당겨 화살을 과녁의 중심에 명중시킨단다!
이 성과는 그가 이미 머리 속에서 달성한 것이므로
활을 쏘는 행위는 단지 그 표현에 지나지 않는 셈이지.

삶과 삶의 의미

삶에 의미를 부여한다. 그 뜻이 정확히 뭘까?
그것은 끊임없이 변화하는 우주 삼라만상에 대해
그저 구경꾼으로 머무는 것에 만족하지 않는 것을 말한단다.
저마다 이 세상에 태어나 힘이 닿는 한 최선을 다해야 할
역할이 있음을 의식하는 것이지. 그것은 또한 쉽게 생각하는
태도를 거부하는 것이란다.
그것은 적극적인 태도로 살아가는 것을 의미하지.
세상에 불변하는 것은 없으므로 네가 원한다면 기존의 질서를
바꿀 수도 있지. 또 너 이전의 많은 사람들이 만들었지만
훗날 네게 부당하거나 부적절해 보이는 것을 문제삼을
수도 있다. 너의 삶에 의미를 부여한다는 건 삶의 아름다움을
찬미하는 것에 그치지 않고 힘닿는 한 더욱 아름답게
만들려고 노력하는 것이란다. 그것은 훌륭한 일을 하는
것이기도 하지.
밝아 오는 나날이 너에게 새로운 지평을 열어 준다면
너의 삶은 의미가 있겠지. 아침에 잠에서 깨어나
아직 눈을 반쯤 감은 채 커튼 사이로 새어 들어오는 햇살을
축복으로 맞이한다면 말이다.
모든 계획에 뒤따르게 마련인 어려움을 이겨 내고 성공에

이른다면 너의 삶은 의미가 있을 거야.
의무를 짐으로 여기지 않고 끝까지 수행하면 너 자신이
자랑스러울 거야. 그러므로 자신의 운명에 대한 믿음 없이,
삶은 그림자 연극이고 인간은 그 연극의 꼭두각시들일
뿐이라고 말하는 사람들에게는 절대로 귀기울이지 말아라.
각자 배우가 되어 자신의 역할을 선택할 수 있다는 사실을
네가 보여 주는 거야.
그때 삶은 진정한 의미를 가지게 된단다.

어려운 일

우리가 어떤 일을 도전할 용기를 내지 못한다면,
그것은 일이 어려워서가 아니라 오히려 과감히 도전하지
않아서 일이 어렵게 느껴지기 때문이란다.
그럴 때는 잡초를 다루는 것처럼 해야 한다.
잡초로 뒤덮이지 않으려면 바로 나서서 처리해야 하잖니!
그렇게 하고 나면 다음 일들은 모두 쉬워 보일 거야.
일 중에서 가장 어려운 일은 결단을 내리는 일이란다.
문제에 도전하는 것이 기다리거나 막연하게 기대하는
것보다 덜 고통스러울 수 있지.

삶의 우여곡절

왜 사람들은 삶이 뜻밖의 일이나 돌발사건이 없는 평탄한 행로이기를 바라는 것일까? 삶은 넘거나 피해야 할 다양한 장애물과 이겨 내야 할 시련, 감내해야 할 뜻밖의 사태, 그리고 무한한 욕망이 있어 오히려 풍요로운 것이란다. 우리가 성취하고자 열심히 노력할 때 그 노력은 종종 보상받지. 그처럼 우리의 삶은 특별한 향기가 있고 오직 용기 하나로 두려움을 이겨 낼 때 우리는 더욱 풍요로운 삶을 누릴 수 있단다. 우리가 인생의 행로에서 끊임없이 만나게 되는 어려움은 필연적이며 피할 수 없지. 그 점은 전혀 특별한 것이 아니고 전체 게임의 구성요소라고까지 말할 수 있을 거야.
따라서 운명을 탓하거나 이 사람 저 사람 원망할 필요가 없단다. 오히려 하늘이 네게 용기와 불굴의 정신을 보일 기회를, 또는 단지 삶의 기쁨을 표현할 수 있는 기회를 백번 천번 반복해서 준 거라고 생각하고 기뻐하렴.
프뤼넬아, 네가 기어다니던 때를 기억해 보렴. 넌 문에 부딪치면 앙앙 소리내 울었고, 조금 있다가는 언제 아팠냐는 듯 다시 여기저기 올라타며 넘어설 다른 장애물이 없나 찾아다녔지. 삶이란 고통에 대해 장황하게 늘어놓지 않는 것, 바로 그것이란다.

사소한 문제

너무 경솔해서도 안 되고 너무 비관적으로 생각해서도
안 된다. 우리의 힘으로는 어쩔 수 없는 일도 있거든.
한탄하는 것조차 부질없는 일들 말야.
그런가 하면 아무리 심각해 보여도 해결책이 있게 마련인
일들이 있지. 당황해서 우왕좌왕하면 힘을 낭비하는 거야.
따라서 일어날 수 있는 결과를 정확하게 예측하고
그에 맞는 노력을 기울이는 것이 좋다.
이따금 어떤 문제들이 대수롭지 않게 보일 때가 있단다.
특히 그런 문제들을 경솔하게 처리하지 않도록 하거라.
그런 일일수록 세심한 주의가 필요한데, 사소한 문제,
별것 아닌 일이 제때 해결되지 않아 재앙을 불러오는
경우가 종종 있기 때문이다.
너도 알다시피 삶과 평온은 같은 실에 꿰어 있으므로
중대한 문제만큼이나 사소한 근심거리가 평온을 해치는
일이 없도록 신경 쓰렴!

비극

인생에는 크고 작은 비극이 있다.
우리는 자신에게 찾아오는 비극을 부당한 것으로 여기고 남들이 비극과 상관없이 살고 있다는 사실에 놀라워하지. 당연한 반응이지만 그렇다고 시련과 슬픔에 대해 매번 하늘에 호소할 필요는 없단다.
우리는 고통스러울 때 그것을 털어놓기 위해 보이지 않는 도움의 손길을 찾곤 하지. 마음가는 대로 하렴.
위로가 된다면 눈물을 참지 말고 얼마 동안 슬픔에 젖어 보는 것도 좋다.
그러고 나면 차분해지고 자신감과 충만감이 차오르면서 활력이 생기는 것을 느끼며 해야 할 일도 생각날 거야.
기운을 차리고 일상 생활에서 노력하는 가운데 이전으로 돌아갈 방법을 찾게 되겠지. 깊이 한숨을 쉬고 나면……
삶의 숨결이 돌아오듯.

즐거운 마음

이름을 빛내고 네 자신과 부모에게 너의 가치를 입증하고 싶다면 네가 즐거운 마음으로 할 수 있는 일을 하면 된다. 그럼으로써 너는 모든 가능성을 포착할 수 있는데, 그 이유는 사람들은 자신이 좋아하는 일에서만 성공할 수 있기 때문이지.
혹시 너의 노력에도 불구하고 성공이 따르지 않는다 해도 절망하지 말아라.
신은 여러 번 세상을 다시 굽어보니까, 실패를 두려워하지 말고 경험을 바탕으로 다시 시작하렴.
용기는 강인한 성격에서 나오며, 너를 사랑하는 사람들은 그것에 절로 감탄할 거다.

행복 (1)

사람은 과연 행복의 주인이 될 수 있을까?
많은 철학자들은 이 물음에 대해 회의적인 반응을 보였단다.
사실 행복에 대한 정의부터 시작해야겠구나.
하늘이 바다처럼 늘 쪽빛 푸른색일 수는 없을 테니까,
어려움은 예상보다 자주 일어나고 우리의 희망도 자주
꺾일 것이고……. 또…… 생활하다 보면 여러 가지 이유로
우리의 열정은 식어 버리고 말지. 그래 그렇다고 치자.
하지만 네가 건강하고, 가족과 친구가 곁에 있으며,
앞날에 대한 계획과 약간의 저축이 있고, 또 혹시 네가
책을 읽는 것을 즐기기라도 한다면 어떻게 감히 불평을
늘어놓을 수 있겠니? 설마 천국이 통째로 너에게 떨어지기를
바라는 건 아니겠지?
시련은 소금과도 같아서 그것이 없으면 우리가 이루는
자그마한 성취들이 그야말로 싱거워진다는 사실, 그 사실을
인정한다면 너는 네 행복의 주인이 될 거야.
마지막으로 햇빛은 그것을 찾아 나서는 사람을 어디서나
비춰 준다는 사실을 명심하거라.

행복 (2)

너의 삶이 순조로워 하는 일마다 성공하고
행복이 넘친다 하더라도 드러내 놓고 좋아하진 말아라.
그렇다고 마음속으로까지 좋아하지 않을 이유는 없지.
불필요한 가식은 버리되 누구도 너의 행복을 질투하지
않도록 너의 내밀한 행복을 소중히 간직하거라.

분노

분노가 폭발하지 않도록 너 자신을 억제해야 할 때가
여러 번 있을 거야. 상처를 주거나 배신한 사람에게
치밀어 오르는 분노를 삭여야 한다는 말이지.
물론 그때마다 너는 엄청난 불만을 느낄 거야.
그러나 일단 복받쳐 오르는 감정이 누그러지면 '복수'와
'원한'이라는 포탄들을 버리게 될 거야. 그리고 분노를
억제함으로써 생기는 이득을 헤아리게 될 거다.
누구나 알고 있듯 그 포탄들은 사람의 마음을 갉아대다
급기야는 판단을 흐리게 하고 신경질적으로 만든단다.

복수심을 품지 마라

복수심은 어떤 것이 되었든 멀리하렴. 너를 해치려는 사람들이 있다면 그들이 바라는 대로 되었다는 환상을 품도록 내버려두거라. 자신이 초라하게 느껴지겠지만 그렇게 해서라도 복수심에서는 벗어나거라. 욕설이나 모욕 그리고 비열한 행동은 늘 천박한 곳에서 온다고 생각하렴. 일단 분노를 억제하면 쩨쩨하게 대응하거나 뒤돌아보지 말고 앞으로 나아가거라. 너의 길이 항상 장미꽃으로 수놓아져 있지는 않다는 사실을 받아들여라. 많은 훌륭한 사람들이 부당한 공격을 당했지만 그들의 신념이 타격을 입지 않았다는 것은 너도 알잖니? 오히려 그들이 감수한 수많은 모욕이 그들을 지탱시켜 주었잖니!

나눔

아름다운 것에 대한 심미안이 있다고 귀중한 물건이나
예술품에 갇히면 안 된다. 수집가는 대개 귀중한 물건들을
모으면서 마치 자기가 그것을 창작한 사람인 양 착각에
빠지지! 귀중한 물건일수록 여러 사람이 보고 즐길 수 있게
하고 그것에 갇히지 말아라.
보물은 다른 사람들의 시선이 닿는 만큼 더 빛날 테니까.

소유

틀림없이 너를 일깨워 줄 일화 하나를 들려 주마.
어느 날 아침, 같이 일하는 젊은 직원 한 사람이 그림을
옮기고 있길래 슬쩍 쳐다보았더니 이런 말을 하더구나.
"사실 사장님보다는 오히려 제가 이 그림의 주인일 겁니다!"
"아니 왜 그렇지?" 내가 물었단다.
"제가 사장님보다 더 자주 바라보기 때문입니다."

침입자

네 주변에서 굽실대며 슬며시 다가오는 사람이 있다면
너무 가까이 오게 해서는 안 된다.
주저하지 말고 바로 멀리하거라. 숲에서 독사가 너를 향해
슬며시 다가온다면 어떻게 하겠니?
돌을 집어들고 머리를 부숴 버려야 하지 않을까!

존중

사랑받고 싶은 사람으로부터 사랑받는 것은
우리 힘으로 어떻게 해볼 수 있는 일이 아니란다.
하지만 행동을 분명히 하고 약속을 지키면 타인에게서
존중받을 수 있지. 그것은 꼭 지켜야 할 원칙이니까
반드시 그대로 하기 바란다.
그럼으로써 너는 신용을 얻게 되는데 그 신용이 없으면
모든 자신감이 흔들리지. 만약 네가 자신감이 있다면
그건 이미 네 자신이 존중받을 만하다는 증거란다.

돌이킬 수 없는 일은 없다

모든 것이 꼬이고 나쁜 소식들이 줄을 잇는 경우가 있지.
그 순간 우리는 모든 것을 포기하고 싶은 생각에
사로잡히게 된다. 그건 인간으로서 피할 수 없는 일이지만
어떤 일도 완전히 실패로만 끝나는 경우는 없단다.
따라서 절망에 빠져들기보다는 불행한 상태를 바꾸기 위해
반드시 어디엔가 있을 성공의 조건들을 찾아 내도록
자신의 구석구석을 뒤져야 한다.
어떤 일도 절대로 돌이킬 수 없다고 체념하지 말아라.
그러면 예기치 않았던 행운도 생기고 자신에 대한 신뢰도
깊어질 거야.
그때는 어쩔 수 없어 보였던 일에 대한 해결책도 생길 거다!

본래의 모습

자신이 실제와는 다른 모습으로 보일 거라고 믿는 환상은
품지 말아라. 자신은 속을지 몰라도 다른 사람은
아무도 속지 않을 테니까. 있는 그대로의 모습이어야 해.
자연스런 모습은 거짓말하지 않는 법이거든.
그렇게 하면 사교계의 진출이 보장되지 않는다 할지라도
경험상 본래의 모습과 꾸며 낸 모습의 차이를
한눈에 구별할 줄 아는 사람들의 공감을 얻을 수 있을 거다.
사람들은 저마다 유행에 따라
본래 자신과는 다른 모습으로 보이고 거짓 인상을 주는
개성을 만들고 싶어한단다.
겉모습이 본래의 모습보다 중요해 보이는 세상에서
참 모습은 어떤 것으로도 손상해서는 안 되는 귀한 미덕이지.

가식

너의 행동에 어떠한 가식도 있어서는 안 된다.
자신 있으면서도 겸손할 것, 그것을 행동지침으로 삼아라.
머리를 바로 들고 솔직한 눈빛을 보내며 너의 노력이
어떤 성공을 가져올지 연연하지 말고 너의 희망을 이루어
나가거라. 그리고 겸허한 자세를 가지렴. 마음을 활짝 열고
일부러 타인의 주의를 끌려고 하지 않도록 노력해라.
제대로 된 사람은 거드름을 피우지 않는 법!
소박한 마음을 가질 줄 아는 것은 삶의 지혜이지
기교가 아니란다. 하찮은 가식으로 더럽혀질 수 없는
천성이지. 네가 그런 미덕을 가지고 태어났다면 좋겠구나.

자신의 실수를 인정하라

자신의 잘못을 인정하지 않는 것은 바보 같은 짓이다.
잘못을 순순히 인정하지 않으려면 꽤나 건방을 떨어야 하지.
실수를 인정하고 약점을 털어놓고, 그리고 소박하게
착각이었음을 인정하는 것은 어제보다 좀더 나은 현명한
태도란다. 그러나 결점을 털어놓을 때는 분별 있게 해야 한다.

이미지와 명성

사람들은 자신이 유명해지고 텔레비전에 나오는 것에
얼마나 연연해하는지……. 그걸 보면 인간이 얼마나 허영끼
많은 존재인지 알 수 있을 거다. 대체로 사람들의 인기도는
텔레비전에 몇 초나 나오느냐에 따라 측정되잖니!
텔레비전은 대상을 왜곡하는 거울이지. 그런데 사람들은
자기가 출연하기만 하면 그 흔적을 영원히 남길 수 있다고
믿지. 자기 자신으로 존재하려면 더욱 더 신중하고 거리를
가질 줄 아는 자세, 그리고 자신감이 필요하단다.
겉모습이 아니라 자기 본래의 모습을 드러내고자 한다면
허영이 들끓는 대로보다 인적이 드문 길을 택해야지.
물론 자신의 모습이란 스스로 선택하는 것이 아니라 조금씩
그렇게 되어 가는 것이지. 하지만 순간순간 진실과는 다른
'겉모습'으로 끌어들이는 유혹에 넘어가지 않겠다고
결심할 수는 있지. 사람들은 급조한 조립식 주택에 감탄할까,
아니면 오히려 손으로 석회를 발라 지은 어부의 집에서
진실한 집의 모습을 발견하고 그것을 간절히 원할까?
수면에 돌을 던졌을 때 생긴 파문이 이내 사라지듯이
겉모습은 소멸하도록 내버려두어라. 그리고 진실에 대해
늘, 신경을 쓰도록 하렴.

불평하지 마라

세상의 어떤 것도 확실하거나 필연적이지 않다는 사실을
잊지 말아라. 만약 삶이 네게 미소지으면 그 기회를 놓치지
말고 이용하거라.
물론 날개가 있는 존재가 모두 그러하듯 추락하는 일도
있을 거야. 그러나 만약 네가 하는 일마다 적절하게
중요성을 부여한다면 추락을 두려워할 필요가 없을 거다.
삶에 미소를 보내도록 노력하렴,
그러면 삶은 네게 백 배로 기쁨을 안겨 줄 거야.

찌푸린 얼굴

자신의 근심을 이러쿵저러쿵 떠벌리는 일은 소용없는 짓이다.
너의 근심을 들어 주는 사람들은 너로 하여금 불만을
늘어놓게 할 뿐이지. 근심거리를 입밖에 내지 않도록 하거라.
기쁜 얼굴은 아니더라도 평온한 얼굴을 하거라.
그러면 사람들은 네게 미소나 포옹으로 답할 거야.
그러나 찌푸린 얼굴을 한다면 사람들은 마치 재산을 탕진해
버린 사람을 멀리하듯 너에게서 등을 돌릴 거야.

지나치게 남의 의견을 듣지 마라

어떤 사람에게도 성공이나 확실한 승리가 보장되지는
않는단다. 네가 아무리 주의를 하고 충고를 구하더라도
일에 적극적으로 뛰어들고 싶다면 오류를 범할 위험을
감수해야 한다. 혼자서 위험을 감수하는 거야.
그 대가를 지불함으로써 너는, 다른 사람들이 지나치게
이 얘기 저 얘기를 듣고 머뭇거리느라 일을 망치거나
포기할 때, 성공할 수 있을 거다.

남의 말도 듣기는 하지만

위대한 사람들이 하는 말이라고 곧이곧대로 믿어서는
안 된다. 삶에 관해 너 자신의 생각을 가지려면 넓게 보고
많이 듣는 것 못지않게 스스로 생각해 봐야 한다.
그럼으로써 너는 진실이 사람들이 말하는 것과 다를 수
있다는 사실을 알게 될 거야.
커 가면서 너는 주변의 호의적인 사람들로부터 위험한
행동을 하지 말라는 충고를 들을 거야. 그들의 말에 정중하게
귀는 기울이되 너 자신의 목표는 믿고 나가거라.

물론 길은 멀고 험하겠지만 그만큼 개척해야 할 것이 많고
더 멀리 나가게 될 거야. 그때 너는 사람들이 말하는
'내면의 힘'을 발견하게 될 거다.
네가 발휘하는 그 놀라운 힘 안에 바로 의지가 깃들여 있지.

조심성

사회의 관습을 모르는 사람에게 사회생활은 고통스러울 수
있단다. 이 말을 하는 까닭은 네가 자존심과 신뢰를
손상시킬 수 있는 실수를 범하지 않도록 하기 위해서란다.
네가 내성적인 성격인데도 너 자신도 놀랄 만큼 훌륭한
사람들이 네 주변에 많이 몰려든다면 그것은 그들이 모두가
크게 떠들어대는 곳에서 네가 보여 준 조심스런 태도를
높이 평가했기 때문이라는 사실을 잊지 말아라.
네가 너 자신에 관한 말을 적게 할수록 너에 관한 호기심은
커질 거다. 거리를 유지할 줄 아는 것,
즉 너무 쉽게 관계를 맺지 않는 것이 내가 알기로는
관심의 대상이 되는 가장 확실한 방법이거든!

기뻐하며 일하라

신은 엿새 만에 우주를 창조했지.
그러나 인간은 24시간 동안에 신이 한 것보다
더 많은 일을 할 수 있단다. 하루의 수고는 그날로 족하다고
본 것은 신의 잘못이지. 다행히 네가 시간을 지루하게
보내지 않는다면 그건 네가 하는 일이 즐겁다는 뜻이란다.
그렇다면 그건 축복일 거야.

일을 축복으로 여겨라

일은 고역이 아니란다. 일은 자신의 존재를 확인하도록
도와 주지. 우리를 고양시키고 우리의 노력으로 필요한 것을
마련하도록 해 주며 자유를 얻는 데 도움을 주기도 한단다.
또한 권태나 허무주의에 빠지는 것을 막아 주기도 하지.
특히 하는 일이 자신이 선택한 일일 때는 좋아하는 일을
한다는 만족감을 안겨 주기도 한단다.
따라서 일을 중시하고 고역이 아니라 축복으로 여기렴.
그러면 넌 항상 행복을 느끼며 좋아하는 일을 할 것이고,
틀림없이 좋은 성과도 올릴 수 있을 거야.

아름다움

착한 마음씨가 없는 아름다움은 무미건조하지.
아름다움은 시간이 흐르면 빛이 바래고 초라해지는
이미지에 불과하지만 착한 마음씨는 표정을 밝고 온화하게
하지. 착하다는 것은 아무런 대가를 바라지 않고 주는
것이란다. 그것은 또한 초조해하지 않고 귀를 기울이는
것이고 도움을 바라지 않고 돕는 것이며 기쁨을 주는 데서
진정으로 기쁨을 느끼는 것이지.
장담하건대 착한 마음씨는 얼굴에 써 있는 법이란다.

비방 (1)

비록 사소한 것일지라도 성공은 질투와 비방을 초래하게
마련이다. 시샘하는 사람에게 같은 차원에서 대응해 봐야
이로울 게 없지. 자신의 정당성을 입증하려는 시도 따위는
하지 않도록 주의해라.
네 자신의 명예를 실추시키지 않으면서 비방을 받아넘기는
방법은 그것을 무시하는 것처럼 행동하는 것이다.
말이란 바람에 실려 가고, 시간은 무고한 희생자 편이니까.

아이들

네가 아이들을 낳게 되면, 그들의 열정과 의욕을 꺾지
않도록 해야 한다. 아이들은 벽에 온통 그림을 그려 놓겠지!
또는 피아노를 두들기거나 기타를 마구 긁어대 손가락을
다치는 일도 있겠지! 아니면 집의 컴퓨터를 독차지하거나!
또 공책에 온갖 낙서를 해 불안을 달래는 경우는 왜 없겠니?
그렇게 하도록 내버려두어라.
장래의 직업에 대한 적성은 그렇게 해서 생겨나는 법이란다.
따라서 만약 네가 그것을 참고 이해하며,
나아가 그런 아이들의 행동에 공감하면 나중에
보상받게 될 거야. 열정적으로 사는 네 아이들의 모습을
지켜보는 행복으로 말이야.

'노(No)' 라고 말하라

보통 '예스' 라고 말하면 마음이 편한 경우가 많단다.
'노' 라고 말하기 위해서는 용기가 필요하지.
물론 항상 '노' 라고 하는 것도 입을 열기만 하면
자동적으로 '예스' 라고 말하는 것만큼이나 어리석은 일이다.
사람들은 좀처럼 아이들에게 부정의 긍정적 가치를 가르치지
않는데, 그것은 아마 그들에게 반항적인 습관이 길러지지
않을까 염려하기 때문일 거야. 그렇지만 우리가 자유를 누리고
사는 것은, 억압적인 상황을 대다수가 묵인할 때 반대할 수
있는 용기를 가진 사람들, 바로 그들 덕분이란다.
그 점을 곰곰이 생각해 보렴.

야심

야심이 극단으로 치달으면 득보다는 해가 많을 수 있지만,
일반적으로 성취욕은 사람을 항상 깨어 있게 하며
새로운 지평을 열고 상상력을 풍부하게 해 주지.
따라서 위대한 일을 성취하기 위해서는 마치 인간이
불멸의 존재인 양 생각하고 살아가는 법을 익혀야 한다.

마음 속에서 인생의 행로를 발견하라

자신의 마음속에 있는 소중한 보석을 캐내려고 한다면
우선 욕구를 승화시켜야 할 거야.
마음속을 여행하기 위해서는 용기, 정직성 그리고 명석함이
필요하단다.
그러나 사람들은 이 여행에서 아무런 소득도 얻지 못하고
더욱 실망할까 봐 우려한 나머지 선뜻 나서는 경우가 드물지.
이 모험을 두려워하지 말아라.
우리 각자의 마음속에는 인생의 기반이 되는 것들이
자리잡고 있단다. 어떤 사람들은 자신들의 운명의 행로를
바꿀 만한 광맥을 발견하기 위해 세상을 누비고 다니지만
그들이 찾는 금광은 사실 자신들의 마음속에 있지.
지혜로운 사람들은, 너도 그러기를 바란다만,
의미 있는 인생을 위해 지옥도 감수할 수 있는 유일한
보물을 마음속 여행을 통해 발견한단다.

부모를 뛰어넘어라

만약 자녀가 부모보다 일을 더 많이, 그리고 더 잘 할 수 없다면 아이의 인생이 무슨 의미가 있느냐고
너는 물을지 모르겠구나. 간혹 불리한 조건에서
시작하는 아이들도 있지. 그런가 하면 운이 좋은 자녀들은
성공에 유리한 조건에서 출발하지.
그런데 결국 부모를 뛰어넘는 것은 전자이고 후자는 그저
놀면서 거드름만 피우는 경우가 많다면 그것은 과연 우연일까?
만약 네가 행운을 타고났다면 바로 그럴 자격이 있다는
사실을 입증하기 위해서라도 더 많이 노력해야 한다.
탁월한 존재가 되는 것은 부모를 기쁘게 하는 것인 동시에
낮은 곳에서 편안히 지내려는 유혹을 물리치기 위한 것이기도
하지. 어쨌든 인생을 일종의 도전으로 간주한다면
다소 고통이 따르지 않겠니?
부모보다 더 많은 일을, 그리고 더 잘 하는 것을 강제적인
의무라고 생각할 필요는 없단다. 시작한 일을 끊임없이
향상시키는 것, 그것은 건축물에 돌을 얹는 것이고 건축물을
훼손하지 않고 자기 몫을 보태는 것이란다.
그것이야말로 네 부모에게 명예스러운 일이고 나아가
너 자신을 명예롭게 하는 일이지!

삶과 희망

희망은 인생을 살아가는 데 필요한 거란다.
내일은 고통이 사라질 거고 또 다시 내일은…… 하며
희망을 가지는 거야. 인생을 사는 데는 그냥 흘러가는 대로
살지 않고 긴장하는 것이 필요하지.
인생을 사는 데 눈을 뜨고 꿈을 꿀 것이며, 한쪽 눈을 뜨고
잠을 자며, 항상 귀를 기울이고 정신적으로 도약할 준비를
해 놓아야 한단다.
인생을 충만하게 살려면, 먼저 죽은 후에도 살아 남는 법을
배우고, 다른 누구도 너에게 강요할 수 없는 희생을
스스로에게 부과해야 한다. 일단 그렇게 했으면 네 눈을
쳐다보면서 자신에게 다음과 같이 말하거라.
죽은 후에 이름을 남기는 것, 그것은 인생을 향유할 수 있게끔
하늘이 내려 준 은총이라고.
오래 살아 남으려면―신이여 영원이라는 말을 용서하소서―
시선을 '영원'에 두고 그 무엇도 끝이 아니라는
확신을 가져야 해.
또한 살아가려면 사랑하고 사랑받을 줄 알아야 하지.
네게 주어진 것을 그저 당연하다고 생각하지 말고
불확실성을 자신만의 확신으로 바꾸어 놓아야 해.

끝으로, 네 생각은 어쩔지 모르지만, 네게는 성취해야 할
일이 있고 너는 그 일을 하도록 태어났다는 사실을 명심하고
꾸준히 인생의 의미를 찾고 또 찾아야 해.
살아가기 위해서는 불가능을 결코 불가능이라고 생각해서는
안 되지. 만약 네가 기적을 이루려는 의지가 있다면
곧 너는 기적이 생각보다 가까이 있다는 사실을 깨닫게 될 거야.

감사하라

누가 친절을 베풀면 곧바로 감사의 표시를 해야 한다.
대접할 줄 아는 것이 예의 바른 사람의 속성이라면,
대접을 받고서도 감사를 표시하지 않는 것은
무례한 사람의 징표이지. 흔히 사소한 행동 하나가
지속적인 관계나 새로운 친분을 싹트게 한단다.

금지된 쾌락

쾌락 중에는 해롭지 않은 것이 있는가 하면,
우리 마음을 어지럽히고 허전하게 만드는 것이 있다.
그러나 우리는 그것을 나중에 깨달을 따름이지.
특히 각자 평가하기 나름이므로 금지된 쾌락의
완전한 목록 같은 것은 찾기 어려울 거야.
그러나 우리의 몸과 정신을 파괴하는 것은
금지된 쾌락이라고 보아도 되겠지.
자신의 운명을 애써 실패로 돌리려 하는 사람은
제정신이 아닌 사람이지. 타인에 대한 사랑은 그만두고라도
일단 자신에 대한 존중이나 신뢰가 부족할 때 사람들은
스스로를 파괴하게 된단다.
그런 쾌락은 어떤 이름으로 나타나든 간에 치명적인
결과를 초래하는 마약인 셈이지.

인생의 행로를 그려라

네가 무엇이 되느냐는 너에게 달려 있단다.
네가 어떤 혜택을 받고 태어났든, 예컨대 요람에서 은수저를
입에 물고 있었다 한들, 네 인생의 행로는 너 자신이
그려 가는 거야. 네가 빨리, 그리고 멀리 가려고 한다거나,
아니면 도중에 한가로이 거니는 것을 택하거나,
어쨌든 결정은 네게 달려 있단다. 부모가 해 줄 수 있는 일은
크다면 크고 작다면 작은 것이지. 작다면 그것은 네가
부모의 간섭을 지나친 것으로 여겨 배척하기 때문일 거야.
이와 다르게 큰 경우라면 그들이 종종 자신들이 체험한
바를 자식에게 안겨 주려고 하기 때문이지(내 경우도 그런가?).
물론 그것이 지나친 부담이 되지 않으면 너는 거기서
혜택을 입을 수도 있겠지.
그러나 어쨌든 이미 그려진 행로를 갈 줄밖에 모르는
사람보다 두 배 아니 열 배 더 노력하거라.

진정한 사랑

너는 앞으로 사랑에 관한 얘기들을 많이 보고 들을 거다.
나는 네가 아름다운 사랑, 진정한 사랑, 즉 열정과 이성
그리고 애정과 공감으로 다져진 그런 사랑을 만나기 바란다.
사랑은 변덕스러워서는 안 되지만 까다롭게 이루어져야
한단다. 사실 사랑은 시간이 흐르면서 차차 발견하는 것이지.
그것은 두 사람의 다른 존재가 결국 하나로 결합하는 것이란다.
그건 이상한 일이 아니다. 어른들도, 마치 아이들처럼,
뭐랄까 서로 '흉내'를 내거든. 그런 말을 쓸 수 있다면 말이다.
어떤 특징, 어떤 습관이 그들을 놀랄 만큼 닮게 만들기 때문에
우리는 사랑하는 두 연인을 마치 형제 자매처럼 느끼게 된단다.
그것은 사랑의 기적이며, 두 존재가 서로 인생을 공유하도록
만들어졌다는 하나의 표시기도 하지.
그러나 위대한 사랑은, 너도 언젠가 겪게 되겠지만 폭풍과
눈보라를 동반하게 마련이란다.
우리 모두가 그런 것처럼 너도 배신당하고 버림받았다는
고통을 느끼겠지. 또한 질투의 고통도 알게 될 거야.
그것은 마음을 짓누르고 사람을 옹졸하게 만들지.
그런 것은 더 이상 생각하지 말아라.
일시적인 슬픔—왜냐하면 모든 슬픔은 일시적이기 때문에—

을 극복하는 데는 약간의 인내와 무관심만 있으면 되는 거야.
그러나 절대로 오만에 빠지진 말아라.
오만은 확신이 없이 자기 위치에 대한 자만심을 나타내는
사람들의 몫으로 남겨 두어라.

비밀 (1)

내 귀여운 딸아, 너는 스스로 컸다고 생각하겠지.
아마 이 책을 뒤적일 때면 실제로 컸을지도 모르겠다.
그때쯤이면 너는 자신의 고통과 슬픔을 혼자서만 간직하고
싶어할지도 모르겠구나. 어느 누구도 허락없이
너의 비밀의 정원에 침입할 수는 없겠지. 물론 마음을 가볍게
하고 또 절망적인 고통에 빠지지 않기 위해 네가 부모에게
비밀을 털어놓는다면 별문제지만 말이야.
엄마와 아빠는 심판관도 친구도 아니란다.
그렇지만 낳아 주었다는 이유 하나만으로도 너는 부모에게
속마음을 털어놓을 수 있는 거야.
그렇게 하면 종종 얼마나 큰 위안이 되는지 알 수 있을 거야.

사랑과 성(性)

성은 아버지가 자녀, 특히 딸들과 함께 말하기 곤혹스런 주제이지. 나는 너에게 단지 남자들이 여자들을 유혹하는 데 대단히 교활하다는 사실만 말할까 한다.
전에 내가 이에 관한 책을 한 권 쓴 적이 있는데 남자들이 예쁜 여자를 확실히 손에 넣기 위해 어떻게 행동하는지 알고 싶으면 그것을 한 번 펼쳐 볼 것을 권하마.
현재나 과거 또는 현재나 미래 할 것 없이 유혹하는 방법은 변함이 없단다. 젊은 여자에게는 사랑의 행위가 남자의 경우보다 훨씬 더 성스러운 것이지. 여자는 육체뿐 아니라 감정까지 개입시키기 때문이야. 물론 남자들이 사랑을 할 때 모두 감정이 없다는 말은 아니야.
하지만 그들에게는 '첫사랑' 과의 만남이 평생 지속될 만큼 매력적인 것으로 비치는 경우는 드물단다.
몇 번 환멸을 맛볼 마음의 준비를 하려무나.
첫 번의 떨림이나 금방 네 귀에 쏟아지는 달콤한 말, 그리고 너를 현혹시키는 애정의 표현에 바로 넘어가지 않을 만큼 까다롭다는 것을 보여 주렴.
사랑의 행위는 그것을 서로 공유했을 때만 즐거움이 될 수 있는 것이란다. 따라서 내일을 기약할 수 없는 불장난에 너의 육체와 정신을 더럽혀선 안 된단다.
불빛 가까이 춤추는 나비처럼 남자들은 여자들의 환심을
사기 위해 꽃을 선사하고 자신들의 육체미를 뽐내는 등
정신을 차릴 수 없게끔 만들지.
모두 자신들의 이기적인 쾌락을 위해서 말이야.
남자로서 이 말의 의미를 잘 아는 너희 아빠가
너를 그런 종류의 남자들로부터 지켜 주어야 하는 게 아닐까!

독립성

성공은 결코 그냥 주어지는 게 아니란다. 남이 너에게
무언가를 베풀어 주기를 바라는 예속성, 즉 이런 허구적이며
위험한 생각에서 벗어나도록 노력하렴.
독립성은 너로 하여금 목표를 달성할 수 있는 지름길을
발견할 수 있게 해 줄 거야. 네 자신이 스스로 할 수 있는
일을 다른 사람들이 해 줄 때까지 기다리지 말아라.
그럼으로써 너는 시간도 벌거니와 자신감도 가질 수 있으며
만족을 느낄 수 있을 거야.
가장 중요한 원칙은 너에 대한 최상의, 가장 충실한 봉사자는
바로 너 자신이란 사실이지.

마음의 상처

애정과 사랑은 소중한 자산이므로 훼손하지 않도록
조심해야 한다. 때로 사랑과 애정을 잘못 베풀어서 엄청난
환멸과 후회가 생기기도 하지. 그러나 설혹 이런 사태가
찾아온다 해도 마음을 너무 닫아선 안 돼. 사람은 누구나
환멸에 빠지고 상처를 입기도 하지. 그러나 '멎어 버린 기억'과
망각으로 말미암아 애초의 결심은 간 데 없고 다시 같은
오류에 빠져들게 된단다. 체념할 줄 모르고 다시 맹목적으로
더듬더듬 행복을 추구할 수밖에 없는 바로 이런 존재가
인간이란다. 바로 그 때문에 비록 실연의 감정을 참아 내기
어렵더라도 너의 마음을 열어 놓아야 해. 비록 심장에 출혈이
있을지라도 그것을 좋은 표시로 받아들여야 해.
그리고 그 상처가 아물고 다시 뛰기 시작하면 그것은 너에게
다시 삶의 의미를 부여한 남자가 비로소 네게 걸맞는
남자라는 뜻이 되지. 사랑, 아름다운 사랑, 너의 생을 밝혀 줄
그런 사랑은 예기치 못한 순간에 다가올 거야.
사랑은 장난꾸러기이고 또한 짓궂어서 종잡을 수가 없지.
그러나 그것을 알아보는 일이 그리 어렵진 않을 거야.
왜냐하면 너는 틀림없이 상대방의 눈에서 네 눈처럼 불똥이
튀는 것을 읽을 수 있을 테니까 말이야.

찬사

프뤼넬, 너는 아름답기 때문에 온갖 찬사가
너에게 쏟아질 거야. 찬사에 묻혀 쓰러질지도 몰라.
그러나 그것을 듣고 흘릴 뿐, 절대 귀에 담아 두진 말아라.
올바른 판단을 위해서 아첨꾼들을 이렇게 시험해 보렴.
그들이 너의 미소를 기대할 때 표정을 찌푸리거나,
그들이 방심할 때 약간 변덕을 부려 보는 거야.
그러면 감언이설 하는 자들을 쉽게 가려 낼 수 있을 거야.

비판

찬사가 기분을 좋게 하고 안심시켜 주는 것이라면
악의 없는 비판은 한 걸음 더 앞으로 나아갈 수 있게 한다.
찬사를 가려서 받아들여야 한다면 비판은 신경 써서
받아들여야 한다. 왜냐하면 잘못이나 서툰 점을 지적당할 경우
우리는 대개 비이성적으로 반응하기 쉬우니까. 찬사는
일반적으로 환심을 사려고 하는 낯선 사람들이 하는 거란다.
반대로 진지한 비판은 가까운 사람들이 우리의 기분을
상할 것을 무릅쓰고 하는 것이거든.

눈물과 흐느낌

그런 날이 되도록 늦게 오길 바라지만, 언젠가 네가
온몸으로 눈물을 흘리는 날이 올지도 몰라.
그때 너는 세상이 영원히 무너져 버렸다고 생각할 거야.
그 눈물을 애써 닦아 낼 필요는 없다. 시간이 가면서
마르도록 내버려두렴. 아무리 큰 슬픔도 영원한 법은 없단다.
그것을 억누르려고 하면 오히려 고통만 커질 뿐이야.
따라서 슬픔을 감추지 말고 실컷 울어라. 고통과 슬픔은
사람을 한 차원 승화시키니까.
눈물이 나고 흐느낄 만큼 심한 마음의 고통이 밀려들 때
꾹 참아 보려고 하는 것은 부질없는 일이란다.
고통을 저절로 없어지게 놔두는 것, 그것은 부끄러운 일이
아니며, 가끔은 약한 태도를 보이는 것도 진정한 힘이란다.
네가 사랑하는 소중한 존재, 즉 친구나 부모가 네 곁을
떠날 때 흔들리지 않으려면 돌과 같은 마음, 놀랄 만한 무관심이
필요할 수도 있지.
그리고 나서 나중에, 추억을 더듬으면 더 편안한 눈물이
흐를 수도 있겠지. 나는 어디 있든지 너를 지켜볼 거다.
그리고 자식의 슬픔을 마냥 지켜보고만 있을 수 없는 아빠로서,
산들바람처럼 너의 얼굴을 어루만져 줄 거야.

그래서 너의 눈물이 이른 아침의 소나기처럼 흘러내린
즉시 마를 수 있도록 해 줄 거야.
그리고 아버지와 딸을 영원히 이어 주는 기적의 끈으로
너는 너를 그토록 사랑했던 사람들을 기억하고 가벼운
마음으로 네 길을 갈 수 있을 거야.

힘

힘있는 사람과 힘있는 척 하는 사람을 구분하기란
어렵지 않단다. 전자는 추종자들을 아랑곳하지 않을 것이고
비록 자신이 최고의 영예를 누리고 있을 때일지라도
가식 없이 너를 맞아 줄 거야. 후자는 시시콜콜하게
격식을 따지는 데 골몰할 거야.
그는 자신이 너에게 얼마나 큰 은혜를 베풀었는지
강조하겠지. 그러나 그렇게 거드름을 피우는 것 자체가
별로 알맹이가 없다는 사실을 자인하는 거란다.

돈

돈에 대해 말해 보자, 괜찮겠니? 이 주제를 결코
'금기'시 할 필요는 없단다. '부자들' 중에는 재산의 대부분이
일종의 '채무'인 엄청난 재산가만 있는 것은 아니지.
'가난한 사람들' 중에는 가진 것 모두를 적선받은 무일푼인
사람들만 있는 것은 아니란다.
내가 하려는 말은 돈이 부자를 거만하게 만들지 않는다면
그것은 부끄럽지도 죄스럽지도 않다는 거야.
돈은 부자에게 온갖 미덕을 베풀어 주지는 않는다.
오히려 부자에게 더 큰 겸손과 관대한 마음,
그리고 더 신중하게 행동할 것을 요구하지. 돈은 인생의
모든 우여곡절에 대한 보장이 아니란다. 한계가 있기 마련이지.
우리는 부자들이 조심스럽게 행동하고, 재산을 덜 가진
사람들과의 관계를 악화시키지 않기 위해서 부를 과시하지
않는 경우를 보곤 하지.
왜냐하면 돈이란 최선의 친구도 최악의 적도 될 수 있기
때문이지. 돈에 얽매이지 않는 법을 배워야 한단다.
그런데 만약 네가 자유로운 정신을 갖는다면 너는 가난한
사람들이 종종 더 부유한 경우를 발견하게 될 거다.
돈을 버는 것이 인생의 목표가 아니며, 행복은 소박함으로

이루어지고, 아이의 미소가 기쁨의 극치라는 사실을
깨달을 때, 우리는 부자들을 따라다니는 두려움과 공포에
시달리지 않고 좀 더 멀리 나아갈 수 있단다.

상사

너 자신에 대해서는 엄격한 재판관, 그리고
주변 사람들에 대해서는 조금 덜 엄격한 재판관이 되어라.
네가 신임하는 사람에 대해서는 네 자신에게 할 수 있는
만큼의 요구를 해도 될 거야. 그럼에도 불구하고
다소 실망할 수 있다는 마음의 준비는 하고 있어라.
그런데 상사가 많은 일을 요구할 경우, 그것을 자신에 대한
존중의 표시로 받아들이는 부하는 극히 드물단다.
따라서 그들이 네 편에서 열성적으로 일하기를 바란다면,
그들을 격려하고 보상을 아끼지 말아라. 그럼으로써 너는
너의 팀을 항상 깨어 있는 상태로 유지시킬 수 있고,
그들은 너를 진정한 상사, 말하자면 특히 많은 일을 요구하고
정당한 대가를 지불할 줄 아는 상사로 간주할 거야.

협상에서는 양쪽 모두 승자가 돼야 한다

너무 지나치게 타협을 좋아하는 사람은 결국 스스로를
위험에 빠뜨리고 만단다. 협상할 때 너는 어떤 때는 유리한
쪽에, 또 어떤 때는 불리한 쪽에 속할 수 있지.
그 경우 당연히 상황에 따라 자세를 달리해야 한단다.
만약 네가 옳다고 확신한다면, 입장을 고수함으로써
궁극적으로 발생할 손해와 이익을 따져 봐야 한다. 그런 다음
너무 퉁명스럽지 않게, 그러나 단호하게 밀고 나가야 한다.
협상의 상대가 하는 말을 잘 들어라. 상대의 말을 통해
그의 의도를 파악해라.
또 비록 협상이 실패하더라도, 네게 돌이킬 수 없는 손해가
발생하거나 모든 것이 취소되지 않는다는 여유를 가지렴.
아울러 생각할 시간을 가져야 한다. 물러설 지점을 확보해
두고 너의 계획을 미리 발설하지 말아야 한다.
이제 또 다른 경우를 보도록 하자. 역시 네가 협상을 해야
한다고 치자. 이유 여하를 막론하고 대가 없이 상대에게
양보하지는 말아라. 협상에서는 누구나 얻는 것과 잃는 것이
있는 법이다. 그러나 협상은 또한 고무줄 같은 것이라서
경우에 따라 탄력적으로 늘어날 여지는 있지만
너무 잡아당기면 결국 끊어진다는 사실을 기억하렴.

너의 고무줄을 잘 계산하고 상대방의 것도 잘 살피렴.

협상에서는 두 사람 모두 승자가 되어야지,

결코 모두 패자가 되어서는 안 된다.

어떤 경우든지 양보한 사람으로 하여금 자신이 '협상에서

이겼다'라고 믿게끔 솜씨를 발휘해야 한단다. 패자를

결코 짓밟거나 모욕해서는 안 돼. 그에게 명예로운

출구를 남겨 주어야 한다.

그렇게 하면 적대자가 훗날 진정한 동지로 될 수도 있단다.

거인의 아킬레스건

사람들은 종종 산에 오르지. 살다보면 바로 그런 산처럼

거대한 사람들을 만날 수도 있단다.

그런 거인들의 아킬레스건을 간파해 내는 것, 그것이야말로

그들을 지배할 수 있는 비결이지.

마치 산에 오르기 전에 정상에 도달할 수 있는 가장 확실한

루트를 미리 파악하는 것이 필요한 것처럼 말이야.

사람을 다루는 기술

그저 명령만 내리면 사람들이 네 말을 따를 거라고?
그렇지 않아. 각자의 견해를 듣고 네 의견을 제시하되
그것을 강요하지 않는 것이 필요하지.
어쨌든 너의 의견을 잘 따르게 하는 유일하고
진정한 수단은 모범을 보이는 것이란다. 권위는 권위적인
태도가 아니라 솔선수범에서 나오는 것이지.
네가 앞장서서 가장 힘든 일을 처리하는 것을 사람들이
알고 있다면 비로소 너는 그들에게 모든 것을 요구할 수 있지.
또한 사람들의 장점을 인정할 줄 알아야 한다.
그럼으로써 너는 그들이 실패할 때 적당한 수준에서 질책도
할 수 있게 되지. 만약 네가 직원들에게 9시 정각까지
출근할 것을 요구한다면 너 자신이 가장 먼저 출근하거라.
또한 네 업무 능력을 인정받고 싶다면 우선 다른 사람들을
존중하거라. 가깝지만 너무 친숙하게 대하지는 말고,
친절하고 이해심을 발휘하되 환심을 사려고 하지는 말아라.
사람을 다루는 데는 솜씨 못지않게 엄밀성도 필요하단다.
또한 일과가 시작하는 아침에 어려운 문제를
가장 먼저 해결하도록 하거라. 그러면 너는 해방감에서
모든 것을 자유롭게 창조해 낼 수 있을 거야.

네 부하가 항상 네 편이라는 확신이 서지 않으면,
그 누구에게도 속마음을 털어놓지 않는 것이 좋다.
가장 중요한 서류는 어느 누구에게도 대신 처리하도록
맡겨서는 안 된다.
물론 그렇다고 해서 진지하고 편견 없는 전문가에게
조언을 구하는 것조차 삼가라는 말은 아니다.
항상 한 사람보다는 두 사람의 의견을 참고하거라.
어떤 문제에 익숙하지 않을 경우, 그것을 더 잘 알기 위해
다른 사람에게 자문 구하는 것을 망설여서는 안 된다.
그리고 다행히 네가 하는 일이 맘에 든다면 너는 자신의
세계를 세우는 건축가가 된 기분을 느낄 거야.
이런 행복은 지구상의 몇몇 행운아들만 경험할 수 있는 것이지.
신의 은총을 빈다.

선입견

적을 결코 과소 평가하지 말아라.
또한 친구를 결코 과대 평가해서도 안 된다.
어떤 경우에도 선입견에 사로잡혀서는 안 되는데,
그 이유는 선입견이 판단력을 흐리게 하기 때문이야.

밝아 오는 하루

하루가 끝날 때는 꼭 그 의미를 따져 보아라.
또 새날이 밝아 오는 것을 기뻐하지 않는다면
그건 감사할 줄 모르는 태도야.
하루가 길다고, 시간이 빨리 가지 않는다고 투덜대는
사람들도 있는데 그들은 흔히 시간이 가면
근심도 사라질 것으로 기대하는 부류들이지. 물론 너에게도
틀림없이 마음에 들지 않는 날들이 있을 거야.
아마 생각한 대로 일이 잘 되지 않은 날들이 그럴 거야.
하지만, 바라는 결과가 금방 나타나지 않는다 하더라도,
거기에는 다 이유가 있다는 사실을 명심하거라.
만약 초조한 마음에 사로잡힌다면, 좋은 결과는커녕
아마 더 큰 실수를 저지르게 될 거다.
그렇지만 만약 네가 생각을 다른 방향, 즉 좀더 가벼운 일로
돌릴 수 있다면, 초조하게 기다리지 않아도 될 거야.
왜냐하면 더 이상 생각하지 않을 테니까.
이미 네 손을 떠난 문제를 고민하느라
밝아 오는 하루를 우울하게 맞이할 필요는 없단다.

구두 약속

말로 하는 약속을 가볍게 하지 말아라. 일단 했으면
그것을 지켜라. 약속하기가 망설여지면,
아예 약속을 하지 말아라. 어떤 경우라도 약속을 지키면,
다른 사람들, 설혹 너를 싫어하는 사람들로부터도
존경받을 수 있다는 사실을 명심하거라.
공식 계약은 필요하면 파기할 수 있지만 구두로 한 약속은
오히려 사라지지 않는 법이다.
따라서 그것을 지키면 존경받을 수 있지.
어떤 상황에서 다소의 금전적 이익을 위해 약속을 어김으로써
주변 사람들에게 영원히 신용을 잃는 일이 있다고 가정해 보자.
긴 인생을 살다 보면 같은 상황에 다시 직면하지 않을 수
없단다. 자기 말에 책임을 지는 것, 그것은 곧 자신을 존중하는
것과 다름없지. 너의 한 마디가 서명보다 더 가치가 있다면,
그때 너는 너의 말이 황금으로 간주되는 그런 신용 있는
사람으로 비쳐지게 될 거야.
이 소중한 수단을 손에 넣으면, 그때부터는
너의 이름만 대도 굳게 닫혀 있던 신비의 문이 열릴 거다.

질투

혹시 너는 질투 따위와는 거리가 먼 사람일까?
유감스럽지만 그렇게 말하기 어려울 거야.
너도 어떤 순간에는 질투가 날 때가 있을 거다. 그로 인해
고통을 겪기도 하겠지. 그러나 자고로 사랑에는 자극제가
필요한 법이란다. 이런 사랑은 사람을 성장시키고 변화시키며
때로는 번민에 빠지게 하지. 너도 그것을 겪어 보기 바란다.
내가 질투를 꼭 나쁘게 보지 않는 이유도 그 때문이란다.
그것은 종종 동요를 일으키는 것만큼이나
축복을 베풀기도 한단다.

이성(理性)

본능이나 이성, 그 어느 것도 완전하지는 않단다.
직관을 내세우는 사람들이 이루어 낸 가장 훌륭한 업적,
가장 위대한 세기적 성취도 이성이 없이 행해진 것은 아니지.
또한 이성의 소리가 너를 꾸짖는다면,
더 은밀한 본능의 소리는 너에게 용기를 북돋워 줄 거다.

진지함

만약 네가 너의 감정을 남용한다면 그건 언젠가
너를 골탕 먹일 수도 있을 거다. 하지만 진지함에 대해서는
그런 우려를 할 필요가 없단다.
오히려 실망하지 않으려면 너무 가볍게 행동해선 안 된다.
마음의 상처는 가장 고통스러운 법이거든.
그러나 상처는 우리를 더 인간적으로 만들기도 하지.
따라서 진지함이 우롱당할 때 받게 되는 수치심도
감수할 수 있어야 한단다. 어쨌든 그런 것은 별 상관없을 거야.
언젠가는 너의 진지함이 호의적으로 받아들여질 것이고
네가 겪었던 실망도 백 배로 보상받게 될 테니까 말이다.

유머의 힘

첫 실패를 경험했을 때 용기를 잃지 않으려면 상당한
유머가 필요하단다. 유머는 다른 사람들이 너를 등뒤에서
비웃기 전에, 스스로 웃을 수 있기 위해서도 필요한 것이지.
그런데 번득이는 유머란 오직 자신을 웃음거리로 만드는
경우에만 해당되는 것이란다.
자신보다 약한 사람들을 조롱하는 자들은 자신의 허약함을
드러내고 있다고 보아도 무방할 거야. 그들이 나타내는
자만과 거만함은 스스로의 가치를 떨어뜨리게 마련이지.
만약 네가 주변에 대해 신랄한 화살을 쏘는 대신,
네 자신을 웃음거리로 만들 수 있는 능력을 갖는다면 너는
어떤 경우에도 잘 웃고 재기발랄한 사람들을 곁에 둘 수
있을 것이고, 다른 한편으로는 뻔뻔스러운 반대자들의 입을
다물게 할 수 있을 거야. 반대로 조소는 재치보다는
분노의 표시인데, 그것은 가시 돋친 사람들의 몫으로 남겨 두렴.
너는 유머가 없는 사람이 잘난 체하는 사람이란 사실을
알게 될 거야.
또한 그것이 나쁘다는 것도 인정할 거야.

대담함과 지혜

위대한 사상으로 수세기를 관통해 온 인류의 스승들은
인생의 가장 숭고한 목표가 지혜를 얻는 데 있다고 말한다.
그러나 양식이 있다거나 지혜를 갖추었다고 해서
곧 정상에 도달하거나 아무도 가 보지 않은 영역에
접근할 수 있는 것은 아니란다.
프뤼넬아, 네가 지혜롭길 원한다면 약간의 무모함,
즉 대담성도 필요하단다. 그것이 없이는 상상을 뛰어넘는
모험을 한다거나 위대한 일을 기대하는 것은 부질없는 일이다.
왜냐하면 진정한 현자란 모든 사람에게서,
심지어 광인으로부터도 배울 줄 아는 사람이기 때문이지.

착각과 환멸

자신을 잘못 생각하는 것, 다시 말해 착각해서는
안 된다는 말을 아직 너에게 하지 않은 것 같구나.
우리가 스스로에 대해 착각을 품으면 종종 냉혹한 환멸을
겪게 되지. 반대로 꿈을 갖는다면, 결코 실망하는 법이
없을 거야. 꿈은 너로 하여금 정해 놓은 목표에
가까이 갈 수 있도록 해 주기 때문이지.
꿈은 사람을 높이 날게 한단다. 착각은 의지가 없는 사람이
그 사실을 고통스럽게 깨닫게 될 때까지 그를 현혹시킨단다.
물론, 꿈은 이루기 어려운 게 사실이야.
하지만 그것은 우리를 아무도 닿을 수 없는 먼 곳으로
갈 수 있게 하지. 머리 속에 원대한 꿈을 품어야 하며,
또한 꿈을 이룰 수 없다는 핑계로 스스로 물러나려는
그런 옹색한 생각에 휘둘리지 말아야 한다.
너도 알다시피, 인간 또는 인간이 발명하고 원격조종하는
기구가 화성을 탐사하고 있는 세상이잖니?
레오나르도 다 빈치, 쥘 베른(『80일 간의 세계일주』의 작가) 또는
허버트 조지 웰즈(『타임머신』을 쓴 영국의 작가) 같은 천재들이
아니면 그것을 누가 감히 상상이나 했겠니.
그렇지만 불과 몇 세기 만에 우리와 똑같은 인간들이

그것을 해냈잖니.
결국 우리가 꿈을 키우고 의지와 대담성만 있으면
불가능이란 없단다. 단 너의 꿈을 곧바로 사람들에게
이해시킬 수 있다는 기대는 하지 마라.

사랑 (1)

사랑할 때는, 마치 원예가가 가장 아름다운 장미에 쏟는
그런 세심한 배려를 해야 한단다.
사랑이 한창 무르익었을 때일지라도 지나친 말 한 마디,
서투른 행동 하나가 사랑의 열정을 꺾어 놓을 수 있기
때문이지. 사랑할 때, 그리고 사랑받고자 할 때에는 그것이
나비처럼 언제 날아가 버릴지 모르므로 끝없이 섬세하게
다루어야 한다는 사실을 결코 잊어선 안 된다.
오직 열정과 정열의 순간만이 이 기본적인 사실을
잠시 망각하게 할 수 있다고나 할까.

하찮은 일과 중요한 일

하찮은 일을 하는 데 들이는 시간이면 큰 일도 해낼 수
있단다. 들어가는 노력은 사실상 마찬가지거든.
작은 일에만 매달린다면, 결국 날개를 접고 마는 것이지.
우리 각자는 누구나 자신이 생각하는 것보다,
또는 사람들이 믿는 것보다 더 큰 능력을 지니고 있단다.
높이 날아 보렴, 네게 넓은 세상이 열릴 거야.

손님

나는 손님이 불리한 위치에 있는 것을 이용해서 이득을
챙기려는 것보다 더 수치스런 일은 없다고 생각한다.
우아함까지는 아니더라도 기본적인 양식을 갖춘 사람이라면
손님이 빛을 발하도록 자신은 전면에 나서지 말아야 한다.
그리고 그것이 결국 사람들로부터 인정받는 길이란 것을
알아야 할 거야.

자유롭고 비판적인 정신을 가져라

양 떼 가운데 한 마리가 되는 것을 거부하고,
어리석은 사람들 틈에 끼어 부화뇌동하지 말 것이며,
자유롭고 비판적인 정신을 갖도록 하거라.
너의 개성을 발휘하고, 남과의 차별성을 기르며,
너의 신념을 강력하게 주장하고, 너의 생각을 내세우고,
위험이 있더라도 물러서지 말아라.
그리고 대립이 어떤 결과를 가져올지 의심스럽더라도,
너의 강력한 경쟁자들 역시 실패의 두려움으로 겁을 먹고
취약한 상태라는 것을 잊지 말아라.
금박을 두른 '사교계'의 화려한 창살 안에 갇히지 말아라.
너는 거기서 독립성을 잃고 인생의 아름다움과 풍부함을
상실하게 될 거야.

협상할 때

협상을 할 때 비결은 가능한 한 말을 적게 하는 것이란다.
상대방이 마음껏 말하도록 내버려두렴. 상대방의 말을
주의 깊게 들음으로써 그들을 존중한다는 표시를 보여야
한다. 가끔씩 그들을 고무시키는 말을 하거라.
또 때로는 고개를 한 번 끄덕이는 것이 말보다
더 큰 효과를 나타내기도 한단다. 그럼으로써 너는 종종
그들의 요구가 네가 하려고 한 양보에 미치지 못하는
뜻밖의 선물을 얻게 될 거다.

어른들

어른들을 공경하는 태도를 보이거라. 너는 젊으니까
그들 앞에서 건방진 행동을 하지 말아라.
아주 아주 오랜 시간이 흐르면 너 역시 말쑥하고 상당한
자부심을 가진 할머니가 되어 있겠지? 너는 지금 어른을
공경하라는 내 말에 웃을 것이고, 아마 내가 네 나이 때
과연 이런 말에 동의했을까 궁금하게 생각하겠지.
물론 나도 그땐 동의하지 않았을 거야.

몸과 정신을 관리해라

너는 일생 동안, 몸과 정신을 두루 잘 관리해야 한단다.
어느 것도 쓰지 않고 녹슬게 방치해서는 안 된다.
정신을 단련하기 위해서는 끊임없이 호기심을 길러야 한다.
관심 대상을 넓히되 화석화된 지식이 아니라,
매번 새로운 것을 발견하는 즐거움을 느낄 수 있도록
해야 한다. 또한 한 단계 도약하기 위해서는 자아도취에
빠지지 않는 한도 내에서 몸을 정성스레 가꾸어야 한단다.
그러면 해가 갈수록 인생의 각 단계에서
너의 몸과 정신이, 마치 기수와 말처럼 빠른 속도로
나아가는 것을 보게 될 거야.

인생은 퍼즐과 같다

성급한 사람은 시야에 있거나, 심지어 자기 수중에 있는
것조차 발견해 내는 경우가 드물다.
내가 인내의 미덕을 알게 된 것은 우연한 계기를 통해서란다.
오래 전에, 나는 퍼즐 하나를 맞추려고 했어.
나는 아이처럼 성급하게 그 일에 매달렸단다. 끈질기게
노력했지만, 큰 그림을 완성하는 데 매번 몇 조각이
부족한 거야. 목표에 근접하지만 결국 도달하지 못하는
것보다 더 약 오르는 일은 없잖니? 끈질기게 궁리하고
이리저리 애써 보았지만 나는 내 시야에 있었을 결정적인
조각들을 찾아낼 수 없었다.
화가 나고 짜증스러워진 나머지, 흥미를 잃고 말았지.
퍼즐에 눈길 한 번 주지 않은 채 몇 주일이 흘렀단다.
그러던 어느 날 저녁 서재에 들어와 앉아 있을 때였어.
마치 요술처럼 내가 맞추지 못한 조각들이 확연하게 눈에
들어오는 게 아니겠니! 나는 지금도 그 교훈을 간직하고 있단다.
성급하지 않고, 서두르지 않으면, 모든 일이 제자리에
자리잡아 그에 걸맞은 중요성을 띠게 된다는 사실 말이야.
분명한 해답을 찾기 위해서는 종종 한 걸음 물러서는 것이
필요하다는 교훈을 너도 이해하겠지.

불의에 눈감지 말아라

이 사회에는 무고한 사람이 자신의 결백을 입증해야 할 경우가 비일비재하단다. 그러나 죄가 있다면 몰라도, 혹시라도 무고한 희생자가 '재판'이란—결코 정확한 과학이 아닌—이름으로 고통당한다면, 주저하지 말고 너의 직책이나 능력이 닿는 한 그가 자유를 찾을 수 있게끔 도와 주어야 한다.
고귀한 마음, 용기와 헌신은 사람이 태어날 때 신이 부여한 미덕이란다. 따라서 그것을 발휘하지 않는다면 안타까운 일이지.

철저히 이해하라

네가 머리가 아프다고 하면, 보통 의사는 금방 아스피린을 복용하도록 처방할 거다. 그러나 훌륭한 의사라면 세심하게 진찰함으로써 두통의 이유를 알려고 할 거다.
전자가 그저 단순히 자신의 직무를 수행하는 것이라면, 후자는 일종의 성직자의 역할을 하는 셈이란다.
위의 예처럼, 문제를 항상 미해결 상태에 두는 임시변통의 습관을 갖지 않도록 하렴.
보물은 항상 우물 가장 깊은 곳에 있는 법이란다.

관용

우리가 다른 사람과 반대되는 생각을 제시하거나 견지할 때
우리는 상대방이 먼저 관용을 보여 주기를 기대하지.
그러나 네가 먼저 관용의 태도를 보여 주어라.
그리고 그들의 의견과 신념을 마음대로 재단할 수 있다는
태도를 버려야 한다. 만약 네가 그렇게 한다면,
너는 모든 일에 대해 자유롭게 네 자신의 입장을
나타내고 또 많은 사람들을 이해시킬 수 있을 거야.

영원함

현세의 생이 짧다는 신비로운 사실이 인간으로 하여금
스스로 한계를 넘어서는 노력을 하게 만들지.
인간에게 예정된 내세의 더 긴 생은 훨씬 더 신비스러운
것이란다. 그것을 의심하거나 믿지 않을 이유는 없을 거야.
그리고 편지들을 읽어 보았다면 알겠지만,
우리가 시선을 더 멀리 둘수록 시야는 확대되고
또 다른 지평이 열리게 된단다.

다른 사람의 장점

이런저런 사람들의 결점에 대해 너무 장황하게 얘기를
늘어놓지 말아라.
결점을 알아차리는 것이 나쁜 것은 아니지만 그들의 장점을
찾아보도록 노력하는 것이 더욱 유익할 거야.
그러면 너는 사람들이 자주 저지르는 잘못, 즉 자기와 닮지
않은 사람을 과소 평가하는 오류에서 벗어날 수 있을 거다.

인내

아마 너도 사람들의 굼뜬 행동을 참지 못하고 짜증을
낸 경우가 한두 번이 아닐 거다.
그러나 사람에게는 각자의 리듬이란 게 있단다.
나는 대단히 바쁘면서도 극도로 참을성이 강한 사람들을
알고 있는데, 그들은 서두를 경우 훨씬 더 시간을 낭비하게
된다는 진리를 터득하고 있는 사람들이지.

신

잘 모르긴 하지만 종교에 대해서 말해 볼까 한다.
우선 신이 있고, 또 마을에는 신에게 다가가려는 사람들을
위한 사원이 있게 마련이지.
경전에 써 있는 대로 살기 위해 문자 그대로 교리를
실천하는 사람이 있는가 하면 신앙심을 간직하면서도
계율로부터 자유로운 사람들이 있지.
신앙이 자기 안에 확고하게 뿌리내린 경우가 아니라면,
사람들이 뭐라고 하든 간에, 종교의 울타리 안에 꼭 들어가야
하는 것은 아니란다. 물론 그렇다고 해서 극단적인
경우에만 신을 믿으라는 말은 아니다.
자신의 존재를 부정하는 회의적인 사람들이나
'빅뱅' 이론을 통해서 우주의 탄생과 생명의 출현을 설명하는
과학자들은 다음의 몇 가지 예만 들어도 자기의 신념을
의심하기 시작할 거야.
수십억 번이나 완전하게 갱신되는 인간 신체에 대한
경탄할 만한 연금술은 오직 우연의 결과일까? 무수한 벌레들이
각자 맡은 역할을 해내는 것을 보면서 어찌 감탄하지 않을 수
있을까? 무성한 식물들, 다양한 동물들은 또 어떻고?
혹시 신이 거기에 개입했다는 증거가 없다는 사실에

만족할 수도 있겠지. 그러나 자연 요소가 작용했다는
증거도 없긴 마찬가진데, 별 다르게 말할 수 있겠니?
확신을 가지고 우월한 힘의 존재를 부정하는 사람들의 경우,
그들의 사고에서 뭔가 뻔뻔한 모습을 엿볼 수 있단다.
이번에는 신을 믿는 자들에게 귀기울여 보자.
굳건한 신앙은 그들의 얼굴을 환하게 밝혀 주지.
신앙은 어디서부터 오는 걸까? 우리가 직접 보지 않은
사실은 의심해야만 하는 것일까?
모세는 시나이 산 정상에서 전능한 신으로부터 계명을 받았지.
모세는 유태인들을 우상숭배로부터 구해 내기 위해
그 장면을 연출한 것일까? 아니면 정말로 신이 나타나
십계명을 내려 준 걸까?
설혹 신이 모세의 발명품이라 한들 그게 뭐가 중요하겠니?
그 생각 자체가 이미 신을 숭배한다는 것 아니겠니?
괜찮다면 세기를 거슬러 올라가 볼까.
역사가들은 윌리엄 셰익스피어의 존재에 대해 의구심을
나타내지 않았니? 그러나 셰익스피어가 햄릿의 저자이건,
아니면 다른 사람이 그의 이름을 빌어 그것을 썼건 간에,
이 걸작의 진수는 조금도 달라지지 않는 게 아닐까?
신을 믿지 않는다는 것, 물론 그럴 수도 있지.
하지만 그것은 모든 사람의 운명이 막다른 길에서

끝나고 만다는 것을 인정하는 일이지.

프뤼넬, 감히 말하건대 생은 끝이 없는 거란다. 그것은 사방으로 뻗어 나가지. 생은 네가 패배를 시인하고 더 이상 기적을 믿지 않으며, 더 이상 높은 곳을 쳐다보지 않을 때, 비로소 끝나는 거란다. 우리 모두는 각자 하나의 작은 조각이며 신의 여러 측면들 가운데 하나일 뿐이지.

거리를 두고 생각하라

여성은 남성에 비해 행복을 추구하는 속성이 있단다.
남성은 더 복잡해 직업적 야심에 의해 큰 영향을 받는단다.
그러나 성공에 대해서는 사람의 생각이 각자 다를 수밖에 없지. 현자들은 성공이란 영광과 마찬가지로 바람에 실려 가는 모래 알갱이에 불과하다고 했다.
따라서 인생에서 성공을 추구하되 필사적으로 눈에 보이는 성공만을 추구하는 것은 현명하지 못하다. 성공만을 쫓는 사람은 호흡이 가쁘고 자기를 상실하며, 결국에는 자신의 경쟁자들이 실패할 때에만 만족을 느끼게 되는 법이다.
오히려 성공에 대해 다소 거리를 둘 때,
그것이 어쩌면 너를 따라오지 않을까!

말의 위험

사회 생활에서는 말하기 전에 말을 해도 좋을지 따져 보는 것이 필요하다. 흉금을 털어놓고 말하기 위해서는 주변 사람들을 믿을 수 있어야 한단다.
비록 이솝우화에서처럼 남의 마음을 상할 수 있는 말을 뱉기 전에 입 안에서 혀를 일곱 번 굴리지는 않는다 해도 말이야. 현자는 사람이 말하면 은화를 벌고 침묵하면 금화를 번다고 했단다.
이 격언을 마음에 새기고 말하기 전에 신중하고 정중해야 한다. 혹시라도 너의 말로 감정이 상할 수 있는 사람이 주위에 있는지 살펴보렴.
그렇게 하면 네가 혹시 생각 없이 말을 내뱉었을지라도 평생 원한을 살 만큼 상대에게 상처를 주지는 않을 거야. 말이란 일단 입 밖에 나오면,
더 이상 주워 담을 수 없다는 사실을 명심하렴.

학력 증명서

너에게 부과되는 피할 수 없을 의무 중에서 중요한 한 가지는
학위 취득이란다.
그러나, 마치 멋진 여행에서 돌아올 때 가방에 붙어 있는
꼬리표처럼, 나는 거기에 다닌 사람들이 내세우고 싶어하는
'그랑제콜'(프랑스의 분야별 최고 명문 교육기관)들의 목록을
너에게 들이밀지는 않을 거다.
네가 그들을 만나 보면, 그들이 얼마나 현학적인 체하면서도
사실은 지식이 변변치 못하다는 것을 알게 될 거야.
또한 학력 증명서가 공직으로 가는 문을 쉽게 열어 주긴
하지만, 적어도 내가 이해하는 의미에서 인생의 성공을
보장하는 것은 아니다.
물론 그렇다고 해서 네가 최고 학부에서 멋진 공부를 하는
것을 말리려고 하는 얘기는 아니다. 그러나 부모가 자랑스럽게
여기고 자신에게 자부심을 안겨 주는 그랑제콜에서의 생활이
초래할 수 있는 경직성에 대해 미리 알려 주는 것은
아빠로서의 의무라고 생각된다.
인생에서 수련은 많은 장애물에 부딪히면서 조금씩 다듬어
나가는 것이란다. 그리고 예를 들어 과학과 같은
까다로운 학문 분야를 전공하지 않는다면 폭넓게 독서하고

음악을 들으면서 소양을 넓히는 편이 더 낫단다.
너의 상상력을 개발하고 관심 분야에 대한 지식을 넓히며,
식욕을 돋구는 맛있는 음식처럼 네가 좋아하고 적성에
맞는 것을 탐구해라. 특히 가급적이면 아주 즐겁게 공부하렴.
우리 모두에게는 각자 가야 할 인생의 길이 있으며,
네가 가는 길 역시 다른 아이들의 경우와 마찬가지로
세상에서 유일한 것이란다. 네가 만들어 가기 나름이지.
솟구치는 상상력이 너를 이끄는 대로 따라가 보렴.
단 한 가지 조건이 있다면,
'만약 길을 잘못 들었다고 생각되었을 때 결코 주저하지
말고 다시 거슬러 오라는 것'이지. 이 경험은 시간 낭비가
아니라 오히려 길을 단축하는 결과가 될 거야.
왜냐하면 다음 번부터는 더 큰 걸음을 내딛게 될 테니까.

자매관계를 소중히 해라

다른 많은 아이들처럼 네게도 같은 아빠나 엄마가 낳지 않은
이복 형제 혹은 자매가 있을 수 있겠지. 부모들은 사정상,
점잖은 표현으로 하면 '인생을 새로 꾸려 나가기로' 작정하는
경우가 있단다. 내 경우도 그렇지.
그래서 네게는 이복 언니가 있고 그 애 역시 나의 귀여운
딸이란다. 교육, 부모의 상황, 그리고 나이 차 때문에
너희들은 아마 한 부모 아래서 자란 자매들과는 달리 놀이나
감정을 공유하지 못하겠지. 그러나 그 차이가 무관심,
적대감, 경쟁심을 낳는 대신, 오히려 그로부터 탄탄한 결합이
이루어지길 바란다. 서로 다르면서도 공통적인 혈통의
우여곡절이 자매관계라는 대단히 소중한 망을
손상시키지 않았으면 한다.
서로 애정을 간직하고, 즐겁고 진정한 공동의식으로 미래를
설계하고 서로 돕는 일에 너희들의 재능과 에너지를 모아 보렴.
그렇게 해야 할 필요가 있을 거야.
너는 언니가 갖고 있는 놀라운 용기와 끈기를 본받으렴.
불안을 떨쳐 버리고 다시 도약하려고 할 때 언니에게
기대 보렴. 완벽을 추구하는 언니의 성격을 본받으렴.
너희들이 자매관계를 유익하다고 여긴다면

그땐 아마 아빠를 향해 감사의 미소를 지을 수도 있겠지!
그게 아마도 너희들이 비록 절반이지만,
자매라는 증거 아니겠니? 부디 그 점을 잊지 말아라.

나이

나이에 대해 한 마디 할까 한다. 너는 아주 젊고,
너의 미래는 아직 걸음마 단계이지.
그러나 간절히 바라건대 시간이 창창하다는 생각은 하지
않았으면 한다. 인생이 길다고 노래하는 사람들의 말에
귀기울이지 말아라.
오늘 할 수 있는 일을 절대로 내일로 미루지 말아라.
젊은 세대는 앞선 세대보다 더 시간이 많다는 생각을
해서는 안 된다. 이는 절대성 속에서는 진리일지 모르지만
과학에서도 절대성이란 것이 꼭 정확한 건 아니잖니.

에너지, 행동을 고양시키는 불꽃

에너지, 그것은 행동을 고양시키는 불꽃이다.
에너지는 모든 사람에게 불타고 있고 결코 고갈되는
법이 없다. 그리고 의지의 동반자로서 너를 결코 쉽게
내버려두지 않는다고 해도 틀린 말이 아니지.
너의 더 큰 행복을 위해서!

소득

가치 있는 유일한 소득은 일의 대가로 얻어지는 것이란다.
하늘에서 우연히 떨어진 것은 대단해 보이지만
마치 햇빛을 쬔 수증기처럼 곧 사라져 버리지. 사람 사이에
차이가 있다면, 어떤 이들은 노동의 가치를 신봉하는 반면
다른 이들은 행운만을 바란다는 사실이다. 거기에 본질적인
차이가 있단다. 인생을 마감하면서 결산을 해 보면
결과는 두말할 것도 없지. 노동만이 보상을 가져다 주는 거야.
하늘이 너에게 풍요한 결실을 가져다 주길 바란다면,
귀여운 프뤼넬, 무엇보다 먼저 밭을 갈아야 한다.

잠시 멈춰 서서 호흡을 가다듬어라

끊이지 않는 왈츠처럼 계속되는 인생의 소용돌이는 사람을
별것도 아닌 일에 마음쓰게 하고 때로는 정도(正道)에서
벗어나게 한다. 그러나 잠시도 가만히 있지 않고 움직이는
모든 것을 뒤쫓는다고 해서 현실의 분명한 모습을
간파할 수 있는 것은 아니란다. 종종 우리가 경박한 사람처럼
달리기보다는, 잠시 멈춰 서서 호흡을 가다듬는다면
잃어버린 시간을 더 빨리 만회할 수 있지!

엄한 표정을 지을 필요도 있다

용서할 수 없는 실수란 없는 법이다.
따라서 다른 사람이 우리에게 그렇게 해 주기를 바라는
것처럼 우리도 다른 사람의 잘못을 이해해야 하는
경우가 있지. 그러나 이해하되 너무 관대하면 안 된다.
왜냐하면 어쩔 수 없이 엄한 표정을 지어야 하는 상황이
생길 수도 있기 때문이지. 그러나 주의하렴.
너무 엄한 표정을 지으면 결국 얼굴이 일그러지고 만다.

미사여구를 늘어놓는 사람

살다 보면 너의 눈에 들기 위해 객쩍은 소리를
늘어놓는 수다쟁이들을 만나는 경우가 있을 거다.
달콤한 말을 들으면 물론 기분 좋겠지.
그러나 오히려 서투르지만 진지한 말에 주의를 기울이는
것이 나중에 후회하지 않는 가장 확실한 길이란 점을
명심하거라!
어떤 사람이 협잡꾼인지 여부를 알고 싶다면 그가 얼마나
닳고닳은 상투적인 어휘들을 쓰는지 보면 된단다.

나쁜 생각

나쁜 생각이 가슴을 에이는 고통처럼 뇌리에서 떠나지 않는
경우가 종종 있단다. 실행에 옮기기 전에 그것을 몰아내려면
스스로 다음과 같이 되뇔 필요가 있단다.
옳지 못한 행동은, 당장은 가장 저열한 본능을 충족시킬지
몰라도, 그것이 결국 초래할 가책 때문에 더욱 고통스러울
거라고. 그러나 나쁜 생각들을 밖으로 발산할 필요도 있단다.
분노를 쌓아 두지 않는 것이 정신 건강에 좋은 법이니까.

남용

어떤 것이 좋다고 해서 너무 남용하지 말아라.
만족보다는 해악을 초래할 수 있을 거야.
맛있는 식사를 마쳤으면, 비록 배가 부르지 않더라도,
간식을 먹는 일은 없도록 하거라. 그러면 아마 소화불량
때문에 식사의 즐거움을 망치고 말 거야.
만족스런 식사를 하려면 지나친 식욕은 금물이란다.
재산 있는 사람들을 보렴. 그것으로 충분하다는 사람은
거의 없단다. 그들은 재산을 즐기는 대신 늘리기에 열을
올리면서 재산의 포로가 되어 있지 않니!
무엇이든지 지나치면 뜻밖의 불행을 맛볼 수 있단다.
지금도 나는 무엇을 잘 즐기려면
욕구를 조절할 줄 알아야 한다고 생각한다.

어린 시절의 꿈

프뤼넬, 너도 세상의 모든 아이들처럼 꿈이 이루어질 거라고
생각하겠지. 부모가 그것을 부정한다면 비난받아 마땅하지.
우리가 품은 어떤 꿈도 영원히 사라져 버리는 일은 없단다.
따라서 우리의 아이들이 저 지평선 너머로 상상의 날개를
펼칠 수 있도록 하자꾸나. 그래야만 그들이 눈에 보이는
현실의 좁은 굴레 속에 갇히지 않게 되지.

가난한 사람

무일푼인 사람들, 즉 행운의 미소가 외면한 가난한 사람은
행운의 주인공인 부자와 마주칠 때 불쾌한 기색을
나타내지 않는단다. 그런데 잘 살펴보렴…….
부자는 자선을 청하는 가난한 사람을 만나면 고개를
돌리고 말지……. 마치 자신은 운 좋게 피해 갈 수 있었던
그 빈곤이 불쾌하다는 듯이.
무엇보다 이것이 부자와 가난한 사람의 차이란다.

재산에 집착하지 마라

세상 돌아가는 이치를 조금이라도 아는 사람은 실망스런 일을 겪어도 초연할 수 있단다. 특히 돈 버는 일이 인생의 목표라 하더라도 말이다. 우리가 가진 재산과 부는 사실상 빌린 것이 아닐까?

우리가 재산을 소유한다기보다, 주인이 바뀔 거라는 사실을 알고 있는 재산이 오히려 우리를 소유하고 있는 것은 아닐까? 지금 우리가 사는 집은 누구의 것이었을까?

다음에는 우리 아이들, 다음에는 아마 너의 아이들 것이겠지. 그리고 더 나중에는, 행운이 계속 미소짓는다면, 네 손자들 것이겠지! 내 아이들인 너희들 각자에게 주문하고 싶은 것은 소유 재산에 대한 지나친 집착을 버리라는 것이다.

그렇지 않으면 계속 재산을 얻기 위해 전전긍긍할 거야. 너희들의 노력과 열정을 통해 가족의 재산을 늘리는 데 관심을 가지는 것은 나쁘지 않을 거야.

물론 인간은 등에 자기 집을 싣고 가는 거북이가 아니라는 생각을 유념하면서 말이다!

부자에게는 돈을 빌려 주지 마라!

너보다 더 부유한 사람에게 돈을 빌려 주지 말아라.
혹시 빌려 주었다면 그 돈을 포기할 각오를 해야 할 거야.
왜냐하면 부자는 너에게 돈을 빌려 달라고 호소함으로써
'영예'를 베풀었고, 그것은 돈을 갚은 것과 맞먹는다고
생각하는 경향이 있기 때문이지!
반대로 가난한 자에게 빌려 주면 결코 실망하거나 떼이는
일이 없을 거다. 왜냐하면 가난한 자의 유일한 재산은
명예와 정직성이기 때문이지.
그 경우, 비록 돈을 떼이더라도 필요로 하는 사람을
도와 주었다는 충족감은 남을 거다.

슬픔

슬픔은 좀처럼 함께 나누기 어려운 법이다.
시간이 우리 생각보다 더 빨리 흘러가 준다면 모를까.
누구도 그것을 진정시킬 수 없지. 그러나 행복의 경우에는
그것을 더 커지게 하고 싶은 생각이 든다면, 네 주위에
조금이라도 베풀면 된다. 그러면 뜻밖의 친구를 얻는 수가
있지. 그러나 실제로는 행복이든 슬픔이든 동반자가
필요 없는 거란다. 그것은 사방이 탁 트인 공원이 아니라
너만의 비밀 정원이니까.

모든 우연에는 의미가 있다

우연은 사실 결코 우연이 아니란다.
우연의 산물처럼 보이는 모든 것에 의미를 부여해 보렴.
우연의 힘은 엄청난 것이며 그것을 모르는 체한다면
우리가 통제할 수 없지만 우리 삶을 지배하는
사건들을 모독하는 것이란다. 특히 여러 가지 형태로
그것이 우리의 주의를 환기시키는 데도 말이다.
안타깝게도 사람들은 종종 그 의미를 지나치고 말지.

자기 만족 안에 자기 파괴가 있다

결코 자신에게 만족하지 않는다는 것은 명석함의 증거이자
성공을 보장하는 것이기도 하지. 결과가 아무리 눈부시더라도
그저 만족하는 데 그친다면, 그건, 곧 실패를 준비하는
것이란다. 우리는 잘한 일에 만족할 수는 있지만
결코 자신에게 만족해서는 안 된다. 특히 자신을 존중하고
더 큰 포부를 가진 사람이라면 말이다.
자기 만족은 그 안에 자기 파괴를 내포하고 있지.

행운이 미소 지을 때

행운이 너에게 미소를 보내고 네 손이 닿는 것 모두가
황금으로 변할 때, 그것을 과시하면 친구보다 적을 만들게
되는 법이란다. 왜냐하면 성공을 추구하지만 결코 얻지
못하는 사람들은 다른 사람의 성공을 용인하는 경우가
극히 드물기 때문이지.

출세 지상주의

출세 지상주의자가 된다고 출세가 보장되는 것은 아니란다!
출세 지상주의자는 쟁기가 소를 끌도록 하며,
신속함과 성급함을 혼동하고, 대담성과 뻔뻔함을
구별하지 못하며, 실제보다 더 커 보이도록
까치발을 딛고 서 있는 거나 마찬가지란다. 그는 물론
다른 사람들보다 더 큰 소리로 웃고 더 시끄럽게 떠들지만,
실은 공허한 소리만 울려댈 뿐이지.
또한 그가 자기보다 더 지체 높은 사람들에게 잘 보이기 위해
얼마나 분주한지 바로 알 수 있단다.
출세 지상주의자는 매사에 전전긍긍하기 때문에, 오히려
가엾은 그에게 '도움을 베풀어야 하지 않을까' 하는 생각이
들게 한다. 물론 그래도 되지,
단 그를 가까이하지 않는다는 전제 하에서!

꿈

네가 큰 꿈을 품지 않으면 큰 일을 하지 못할 거다.
다시 말해, 사랑, 영광 그리고 재산은 꿈꾸는 자에게만
돌아간다는 것이지. 물론 꿈꾸는 것만으로는 충분치 않지.
그러나 꿈이 강렬하면, 그것은 네게 추진력을 부여하고
목표를 이루게 해 줄 거야. 기적에 대해서도 같은 얘기를
할 수 있지. 기적을 믿는 데 꼭 눈으로 확인해야만
직성이 풀리는 사람들이 있다. 그런가 하면 나처럼, 기적을
강렬하게 믿은 나머지, 그 사실만으로 충분히 경이로운
효과를 거두는 경우도 있지. 기적이란 결코 우연이 아니라
그것을 바라고 믿는 자에게 나타난단다. 내 말이 너에게
웃음거리로 비춰질지 모르겠다. 왜냐하면 네 주위, 즉 '이성'이
'상상'을 압도하는 세계에서는 데카르트 철학 신봉자들이
많기 때문이지. 그러나 그것은 더 편리하고 안락할지
모르지만, 너도 알다시피 훨씬 더 비극적이지.
꿈꾼다는 것, 그것은 자신의 눈을 지평선 너머로 향하도록
훈련하는 것이다. 그것은 또한 눈을 감고 코 끝보다
더 멀리 보는 것이다. 흔히 생각하는 것과 달리 꿈은 너를
현실로부터 격리시키지 않는단다. 오히려 현실을 더 견딜
만하고 접근하기 쉽게 만들어 줄 거야.

순수한 마음

모든 아이들처럼 너 역시 소유욕이 강했고,
뜻대로 안 되거나 불만스러울 때는 떼를 쓰기도 했지.
너는 사랑과 애정을 독점한다고 믿었지.
앞으로 커 가면서 즉각 화를 내는 일도 줄어들고 주위의
현실과 타협하게 될 거야. 또한 자신에 대해 책임을 지고,
때로 감정과 분노를 감출 줄도 알아야 할 거야.
그러나 물론 이런 계산적인 행동도 필요하지만,
순수성을 잃지 않기 위해서는 웃을 줄도 알아야 한다.
특히 위선이 가득한 세계에서 살아남는 비결은
어릴 적의 순수한 마음을 간직하는 것이라는 사실을
결코 잊어서는 안 될 거야.

하나를 보면 열을 알 수 있다

행동이 사람의 많은 것을 말해 준다는 사실을 알 필요가
있다. 절제하면서도 좋아하는 것을 즐기는 사람이라면
나쁜 사람은 아닐 거야. 이는 어려운 말이 아니란다.
사람들을 한 번 잘 관찰해 보렴.
담배를 많이 피우는 사람은 불안을 감추려는 경우가 많다.
자신의 재산을 과시하는 사람은 신뢰할 수 없는데,
그는 마치 자기를 돋보이게 하기 위해 다른 사람인 것처럼
가장하는 자와 다름없다.
말을 너무 많이 하는 사람은 남의 말을 들을 줄 모르는
경우가 많은데, 그건 사소한 결점이 아니란다. 자신이 발언을
독점하면서 남을 설득시킨다는 것은 불가능한 일이다.
너도 알다시피 사람은 겉보기와 다른 경우가 많지만 취미가
고상한 사람은 때와 장소에 맞지 않는 이상한 옷차림으로
시선을 끌려고 하지 않을 거야.
콧구멍이 벌어진 사람도 조심해라. 허세가 많다는 표시란다.
향수를 뿌리는 남자나 은그릇, 팔찌, 골동품, 시계 그리고
너무 눈에 띄는 반지를 드러내 보이는 사람들은 액세서리
범주로 분류해도 좋을 거야.
그들은 물론 하루저녁 정도라면 몰라도 결코 지속적인

관심의 대상이 될 수 없단다.

지식을 과시하거나 재산을 드러내며 자동차를 몰 때 요란한 폭발음을 내고 너무 큰 소리로 말하는 사람들은 진정으로 인정받아 본 적이 없기 때문에 어딜 가든지 주목받고 싶어하는 사람들이란다.

그런데 사람들은 또한 식사할 때 결점이나 미덕이 잘 드러난단다. 폭식가는 물론 식성이 너무 까다로운 사람들도 멀리할 필요가 있지.

낙심

누구나 겪는 일이지만 살다 보면 너도 낙심할 경우가 있을 거야. 그때 자포자기해서는 안 된다.

먹구름이 끼고 천둥이 치고 나면 밝은 햇살이 비치게 마련이고, 그때 너는 마치 요술처럼 어떤 어려운 일도 해낼 수 있다는 자신감을 되찾게 될 거야.

챔피언은 결코 낙담하는 법이 없다. 꿋꿋이 버티면 결국 승리의 여신이 미소짓는다는 사실을 잘 알고 있거든.

들어서 이로운 진실

들어서 가장 고통스러운 진실은 자신과 직접 관련된
경우이다. 그 순간을 늦추어 보려고 귀를 틀어막는 경우도
있지. 그러나 그것이야말로 가장 이로운 진실이란다.
왜냐하면 그것으로부터 교훈을 이끌어 내거나
더 큰 피해를 입지 않도록 대비할 수 있기 때문이지.
수도꼭지가 샐 경우 물이 넘쳐흐르는 것을 막으려면
바로 잠궈야 하지 않겠니!

결점을 효과적으로 이용해라

모든 존재는 아무리 강하다 할지라도, 한 가지 또는
그 이상의 결점을 가지고 있단다.
인간의 필연적인 속성이라고나 할까! 똑똑한 사람이라면
자기의 결점을 감추지 않고 오히려 적극적으로 받아들여
더욱 효과적으로 이용할 거다. 그러면 상대방은 긴장을 풀고
그것을 탁월한 지혜의 표시로 간주할 거야.

기억

사람들은 흔히 기억이 지능의 열세를 메워 줄 수 있다는
생각은 착각이라고 말하지. 그러나 기억은 우리의 체험의
수호자이자 정신을 깨어나게 하는 원동력이며 최상의
판단력을 유지시켜 준단다. 사용하지 않으면 기억력은
감퇴되고, 결국 모든 것을 포기하기에 이르지.
반대로 기억력을 개발하고 훈련시키면 엄청난 지식을
축적할 수 있단다.

얼굴 표정을 읽어라

표정과 목소리는
사람의 마음을 보여 주고 들려 주는 이미지란다.
상대방이 얘기할 때 유심히 관찰하면 그의 가장 깊은 곳까지
읽어 낼 수 있을 거야. 왜냐하면 아무리 화장을 하거나
트릭을 쓰더라도 얼굴 표정과 목소리를 통해 본래 모습이
드러나기 마련이니까.

사기꾼

사기꾼은 당연히 자기가 속이는 사람을 보잘것없는
존재로 여긴단다. 반면에 스스로는 불사신으로 믿기도 하지.
그러나 그의 가면은 마치 시간이 흘러 분장이 훼손되는
것처럼 결국 벗겨지고 말 것이고, 그의 몰락은
백일하에 드러날 거야.

지배력

상대방을 압도할 수 있다고 해서 너무 많은 것을
끌어 내려 하면 안 된다. 상대방에게도 소득이 있었다는
만족감을 느낄 수 있도록 배려하는 것을 잊지 말아라.
특히 네가 양보하더라도 목표 달성에 지장이 없다면 말이야.
자신의 정당성을 지나치게 입증하려고 하면 상대방을
모욕할 위험이 있단다. 그렇게 되면 유리하게 끝날 수 있는
만남이 오히려 불리한 방향으로 진행될 수 있지.
사람은 남자든 여자든, 자신의 관점만을 상대에게
기어이 강요하는 사람을 용서하지 않는 법이거든!

절망하지 마라

살다 보면 바로 네 코 앞에서 문이 닫히는 경우도
있을 거다. 그때 인내심을 잃지 말아라.
곧 다른 문이 열릴 테니까. 우리가 더 이상 믿지 않을 때
문은 나타나는 법이며, 단지 예기치 않은 일이기 때문에
기적처럼 보이는 것뿐이란다.

마음의 고통

마음의 고통은 종종 육체의 고통보다 참기 어려운 법이지.
간단한 비결 하나 소개해 줄까.
오래 걸음으로써 마음속에서 고통을 몰아 내는 방법이지.
네 증조할아버지가 가르쳐 주신 것인데, 신발 속에 돌멩이를
하나 넣는 거야. 너무 고통스럽고 불편하기 때문에
아마 다른 것은 생각할 틈이 없을 걸. 보장해.

생쥐

생쥐가 구멍 하나에만 자기 운명을 맡기는 법은 없다고 네게 말하면, 너는 혹시 여기저기 기웃거리면서 그 말이 맞는지 확인하려고 할는지 모르겠다!
그 말을 네가 곰곰이 생각해 보면 좋겠구나.

금지된 쾌락

비록 우연이라도 방탕한 생활과 접촉하면 어느새
그것의 포로가 되어 버린단다.
방탕은 우리에게 천국과 지옥을 맛보게 하며, 희생자들을
깊은 구렁텅이로 끌어들여 엄청난 고통을 치르기 전에는
빠져나오기 어렵게 만든다.
그러나 꼭 고결한 덕망을 갖춰야만 그 마력과 유혹을
피할 수 있는 것은 아니란다.
'악'은 사람을 항상 제1회 상영에 무료로 초대해서
유혹한다는 사실만 명심하렴.

취미 활동

너의 인생이 안락하더라도 취미 활동에 너무 탐닉하진 말아라.
네게 맡겨진 일을 가볍게 처리해선 안 된다.
무사안일 한 채로 보내는 시간은 그저 휴식에 필요한
만큼이면 족하단다. 결코 너의 주의력과 야심을 흐트러뜨리면
안 된다. 취미 활동과 게으름은 공통점이 있는데,
그것은 남녀를 불문하고 거기에 탐닉하는 사람을 나약하게
만든다는 사실이지.

의지를 기르는 방법

어떻게 하면 의지력을 기를 수 있는 걸까?
숙명을 거부하고 또 단호하게 어떤 패배도 피할 수 있다고
믿는 거야. 또 의지를 자주 시험해 보는 거야. 예컨대,
하고 싶지 않은 일을 해야 할 의무로 삼는 것이지.
그렇게 차츰 길들이면, 조금만 필요해도 의지는 곧바로
발휘될 거야. 의지는 인생의 충실한 동반자로서
그것이 없는 사람에 비해 너에게 종종 성공을 안겨 줄 거다.

우정

두 사람 사이의 우정은 상호 의무를 필요로 한단다.
너는 배신당할까 봐 내심을 털어놓을 수 없는 사람을
친구로 생각하진 않겠지. 그러나 어쩔 수 없이 털어놓는
경우가 있을 거고, 처음 몇 번은 작은 배신을 당하지만,
시간이 흘러가면서 굳건한 관계를 맺을 수 있을 거야.
우정이란 신뢰와 공통점에 기반을 둔 고귀한 감정이란다.
일생 동안 지속되는 우정이 있는가 하면 수정처럼 한 번의
충격으로 산산조각나 버리는 경우도 있지. 그렇다면 진정한
친구는 어떻게 식별할 수 있을까? 연로한 분들은 이렇게
말할 거야, "시간을 두고 겪어 보면 안다."
그러나 신중하지 못한 사람들은 우정을 '순간적으로'
첫눈에 반하는 사랑과 같다고 주장하겠지. 아무리 진지한 친구
사이라도 여러 번 깨질 위험이 있단다. 특히 신경이 과민할
때는 종종 잘 아물지 않는 상처를 남기기도 하지.
물론 진정으로 친구를 위한다면 거리낌없이 얘기할 수
있어야 하지. 그러나 어느 누구도 일방적으로 훈계해서는
안 된다. 친구끼리 빵과 버터를 나눌 수 있지만,
그것을 나눌 때, 매번 같은 사람이 버터를 차지한다면
그것은 진정한 친구 사이라고 말하기 어렵지.

호기심은 가장 좋은 스승이다

선생님들은 너에게 문법, 수학, 화학, 그리고 물론
다른 여러 과목들을 가르치겠지.
그러나 네 지식의 가장 중요한 부분을 쌓아 가는 것은
바로 너 자신이란다.
우리가 한 나라를 직접 돌아다니면 책에서보다 더 많이
그 나라의 지리에 대해 잘 알 수 있단다.
이론과 실제 사이에는 하나의 세계, 즉 현실이라는
세계가 있지. 무엇보다 우선시해야 할 것은 바로 현실이란다.
실로 지루한 세미나에 참석하는 것보다 사람들을 접촉함으로써
너는 그들의 고민과 열망을 더 잘 알 수 있을 거다.
요컨대, 네가 주변에 대해 호기심 어린 시선을 던진다면,
너 자신보다 더 좋은 스승은 없을 거야.

세상에서 가장 소중한 것

우리를 통치하는 것은 군주들이 아니며, 우리의 인생을
안내하는 것은 철학자가 아니란다. 바로 우리 자신이지.
인생의 행로를 찾는 데 운명의 신호만을 기다리는 것은
잘못이다. 언제 어디서나 인간은 바깥 세상을 돌아다니며
행운을 찾아왔단다.
그러나, 사랑하는 내 딸아, 세상에서 가장 소중한 것은
바로 네 자신 안에 있다는 사실을 명심하렴.
네 자신을 근본적으로 파고들어 가다 보면 너는 상상치도
않았던 보물을 발견할 것이고, 그것은 너에게 부는
아니더라도 최소한 행복을 선사해 줄 거다.

인생을 향유하라

재산, 영예, 아름다움, 그 어느 것도 영원하지 않단다.
어쩌면 하늘이 내려 준 이 선물들이 바로 내일 사라져 버릴 수
있다는 생각을 하면서 그것을 즐길 줄도 알아야 할 거다.
자명한 사실이라고 해서,
마음속에 새겨 둘 필요가 없는 건 아니란다.

정직성

지금부터 100년쯤 후 악착스레 돈을 벌려는 사람들이
더욱 기승을 부릴 때에는, 정직성이야말로 흔들리지 않는
기둥이 된다는 사실을 결코 잊지 말아라.
스스로를 속이지 않는 것이야말로 남을 속이지 않는다는
사실을 보장해 주는 거란다. 그리고 네가 약속을 지킴으로써
손해를 입었을지라도 그것을 결코 후회하지 말아라.
길게 보면 훨씬 이득이 되니까.
정직하지 못한 사람이 차지하는 승리란 일시적인 것일
뿐이란다. 그는 틀림없이 자신이 저지른 행동 때문에
고발당하는 신세가 될 거다.
정상으로 가는 길은 한 걸음 한 걸음 당당하게 내딛는
사람에게는 멀지 않지만
급히 달리고자 하는 자에게는 끝이 없는 법이란다.

비겁함

내 얼굴에 침 뱉는 일일지 모르지만, 너에게 남자들,
그러니까 거의 모든 남자들은 비겁하다는 사실을 말해 주고
싶구나. 특히 사랑에 있어서.
사랑의 용기, 그것은 본질적으로 여성에게만 있는 거란다.
여성은 상대방을 더 이상 사랑하지 않게 될 때,
곧바로 과거를 날려보내고 더 이상 뒤돌아보지 않지.
그러나 같은 상황에 처했을 때
남자는 부담을 떠맡지 않기 위해 온갖 책략과 핑계를
동원하여 여성에게 파경의 책임을 떠넘기려 한단다!
어쨌든 전쟁터에서라면 종종 영웅도 될 수 있는 남성들이
사랑에 있어서는 이렇게 행동하는 것이지. 그러나 안심하렴,
규칙에는 항상 예외가 있는 법이니까.
모르겠다. 네 엄마는 예외가 없다고 말할는지!

예절의 미덕

예절에 별로 신경을 쓰지 않는 사람일수록 깍듯이
예의를 갖추는 사람을 만나면 기분이 좋아진단다.
사실 나도 이점에서는 별로 내세울 게 없기 때문에 예절의
미덕을 더욱 찬양할 수 있는 거란다.
물론 그렇다고 아첨하거나 깍듯이 복종만 해서도 안 될 거야.
그것은 오히려 상대방을 조롱하거나 무례한 것으로 비쳐질 수
있지. 그보다는 자기 자신이 받고자 하는 만큼의 배려를
사람들에게 하면 된다. 손님을 초대했을 때는, 그들이
마치 자기 집처럼 편안함을 느낄 수 있도록 배려해야 한다.
그들의 장점을 칭찬하고 그들이 하는 얘기를 주의 깊게 듣고
웃음을 아끼지 말아라! 또한 그들이 재치 있는 말을 할 때는
박수갈채를 보내렴.
오늘날에는 예절과 정중함이 구시대의 덕목으로 비춰지지만,
진솔하게 예절을 지키면 사람들로부터 존경받을 수 있단다.
이미 네 엄마가 이런 습관을 잘 교육시켰을 것으로
생각한다만, 혹시라도 나의 퉁명스러운 매너가 너로 하여금
훌륭한 습관을 익히는 데 장애가 되지 않았으면 좋겠구나.

평등과 불평등

모든 사람이 평등하다고 하는 말을 주위에서 흔히 듣지.
유감스럽게도 그건 '엄숙한 거짓말'이란다.
너도 알다시피 사람들 중 일부는 많은 혜택을 받고
태어나지. 평등이란 현실과 맞지 않은 다소 선동적인
사회적 환상이라 할 수 있지. 물론 운이 좋아 인생의 혜택을
많이 누리는 사람은 다른 사람들보다 덜 이기적일 의무가
있단다. 또한 좋은 것을 가질 경우 그 특권을 누리지 못한
사람에게 베푸는 것은 기분 좋은 일이지.
그러나 운명이 다르게 정해 놓은 것을 똑같이 만들 수는
없을 거야. 사람이 자기 운명을 선택한 것이 아니므로 운이
좋다고 해서 그것을 뻐기면 안 된다.
행운은 일종의 선물이므로, 그것이 다시 회수될 수 있다는
사실도 절대 잊어선 안 된다.
그것을 잘 이용하고 돌보되, 네가 누리는 혜택과
소중한 것들이 무궁무진하다고 생각하지 말아라.
그 열매를 향유할 때는 절도를 지켜야 하며, 폭식가처럼
실컷 먹거나, 환락에 싫증난 표정을 지어 다른 사람에게
모욕을 주는 어리석은 자들을 닮아서는 안 된다.

힘을 분산시키지 마라

사람이 살아가면서 이 생각 저 생각을 품고,
이런저런 일에 힘을 소진하고, 그래서 거듭 실망과
환멸을 맛보는 것은 불가피한 일이지.
인생을 성공적으로 살 수 있는 비결을 든다면,
그 중 하나는 힘을 분산시키지 말라는 거야. 너의 시간과
생각, 그리고 결심을 한 가지 일에 쏟고 오직 그 일에
집중하도록 하렴.
물론 항상 마음을 열어 놓고 있다가 갑자기 멋진 생각이
떠오르면 신속히 대응할 필요는 있다.
그러나 네가 모든 것을 열정적으로 할 수 있고 또한
모든 분야에서 성공할 수 있다고 생각하는 어리석음을
범해서는 안 된다.
이 충고를 따른다면 성공의 가능성이 더욱 커질 거야.

비방 (2)

사람은 자신을 비방하는 소리를 듣게 되면 고통스럽지.
몰래 너에 관한 험담을 늘어놓는 사람은 너를 불신하고
있는 거란다. 그러나 네 앞에서 찬사를 늘어놓는 사람은
너를 경멸하는 것이지.
아첨꾼들은 천박한 심성을 지니고 있으며, 자신들의
찬사를 태연히 받아들이는 사람을 자기들보다 더 천박하다고
여긴다. 아첨하는 말은 들은 체 만 체 해야 하는데,
그 이유는 그럴듯한 말을 고지식하게 믿는 것보다
더 해로운 것은 없기 때문이야.
'반짝이는 것'은 질투가 많은 사람의 눈을 멀게 한단다.
덤불 숲 뒤에는 항상 네가 모르는 적이 숨어 있는데,
그는 활과 독을 바른 화살로 무장하고 있을 거야.
어떤 경우든지 네 스스로 자신의 재판관이 되도록 하렴.
그러면 너는 가혹한 심판을 피할 수 있을 거야.

배은망덕

네가 선행을 베풀었는데도 상대방이 감사의 표시를
하지 않는다고 불평할 필요는 없다.
혹시 나중에라도 그가 감사를 표시한다면 너는 그것을
더 잘 받아들이게 될 거야. 감사의 말 한 마디가 은혜를
잊었던 사실을 충분히 만회할 수 있지.
따라서 그것이 아무리 사소할지라도, 네게 친절을
베푼 사람에 대해 감사를 표시할 의무가 있는 거란다.

수치

수치를 모르면 안 된다. 우리가 진정으로 부끄럽게 여겨야
할 수치는 자신의 능력에 못 미치는 행동을 했을 경우이다.
만약 네가 하는 일에 온 힘과 정신을 쏟았지만,
불운이나 돌발사건, 또는 계산착오로 성공하지 못했다면
절망할 필요는 없다. 용기 있게 실패의 원인을 따져 본 후
다시 시작하면 너는 역경으로부터의 승리, 그리고 자신에 대한
승리라는 이중의 성공을 거두게 될 거야. 실패의 쓴맛을 보지
않은 사람은 성공의 달콤함도 맛볼 수 없는 법이지.

거절하는 방법

거절하는 방법에는 고도의 기술이 필요하단다. 상대방에게
너무 딱딱하게 대해서 모욕감을 주지 않으려면 신념은
물론 수완이 필요하지.
그러나 만약 이런 예비조치들이 번거롭다면, 네가 생각하는
요구사항을 미리 제시하는 방법도 생각해 볼 수 있다.
네가 받아들일 수 있는 한계를 제시하면 너는 그 제안 덕분에,
비록 원래 기대치에는 못 미칠지라도, 네가 먼저 '노'라고
말해야 하는 불편한 상황에 직면하지 않아도 될 거야.
또 더 이상 양보할 필요도 없겠지.

항상 희망을 품어라

우수는 비록 로맨틱한 베일을 쓰고 있지만,
그것을 너의 고상한 동반자로 삼을 생각은 하지 말아라.
너의 마음은 희망 그리고 기대를 향해 활짝 열어 놓아라.
네가 인생을 어쩔 수 없이 살아야 하는 의무가 아니라,
하늘이 내린 일종의 선물로 찬양한다면,
너는 가볍게 한 걸음 한 걸음 나아갈 수 있을 거야.

칭찬을 남용하지 마라

예의를 차리는 데는 비용이 들지 않는다.
칭찬하는 사람은 풍요로워지고, 칭찬받는 사람으로 하여금
빚을 지게 만들지. 그러나 그것을 남용한다면, 칭찬하는
사람에게는 수치가 되고 상대방에게는 비위를 거슬리는 일이
된다. 따라서 너무 호들갑스럽게 하지 않아야 상대가
잘 받아들일 수 있단다. 어쨌든 지나친 칭찬은 아첨꾼에게
틀림없이 해로운 결과를 가져올 거야.

자신을 감시하라

어떤 경우에도,
옆에서 너를 지켜보는 눈이 있는 것처럼 행동하렴.
그렇게 생각하면 너는 독설을 하지 않게 될 거야.
지켜보고 있다는 것을 염두에 두면 기품 있는 행동을
할 수밖에 없기 때문이지. 그러므로 어떤 경우에든지,
말과 행동에 진지함과 순수성을 잃지 않도록 하렴.

사랑 (2)

가장 아름다운 사랑도 때론 이별을 고하는 경우가 있다.
둘 중 아무도 신경 쓰지 않는 미세한 징후들이 다가올 결별을
예고하는 법이란다. 예를 들어 둘 중 한 사람이 지나치게
성급한 경우가 그에 해당되지.
연인 사이는 서로 인내하고 이해해야 하는데
한 사람이 지나치게 변덕을 부리면 종말로 향해 치닫게 되는
거란다. 그것이 바로 헤어짐이지.
상대의 사소한 잘못에 대해 화를 낸다면, 그것은
사랑이 아니라 장난이었다는 증거일 거야.

자기 만족

자기가 한 일에 대해 자만심을 가져서는 안 된다.
비록 네가 한 행동이 결정적인 것이었다 하더라도 그것을
평가하는 수고는 다른 사람의 몫으로 남겨 두렴.
자만은 자신을 파괴하는 결과를 초래한단다. 일을 잘 끝냈다는
사실에 만족하는 것만으로도 보상은 충분한 법이다.

충고 (3)

네가 아는 것을 전부 말하지 말아라. 사람들이 말하는 것을 전부 믿지도 말아라.
일단 시작한 일은 중도에서 멈추지 말아라. 네가 친절을 베푼 사람이 영원히 고마워할 거라는 기대를 하지 말아라. 친절은 보답의 기대를 접고 베풀어야 하는 거란다.
그러면 오히려 뜻밖에 기분 좋은 일이 생길 거야.
충동을 다스릴 줄 알아야 한다.
처음 만난 사람에게 너의 생각을 털어놓지 않도록 하렴.
끝으로, 매일 만족스러운 생활을 할 수 있도록 네 생활을 계획하렴. 그리고 가장 바람직한 것은, 네가 할 수 있는 일을 결코 미완성 상태로 두지 않는 것이란다.

삶은 영원하다

지나간 잘못을 되돌아보지 말아라. 너는 앞으로도 다른 잘못을 범할 것이고, 인간의 운명이 원래 그런 게 아니겠니?
실패를 두려워하지 말고 앞으로 나아가거라. 어떤 일을 하든지 우리는 전진하며, 비록 돌부리에 걸려 비틀거려도 앞으로 전진하는 법이다. 멀리 보도록 하거라. 네 앞에 영원한 삶이 놓여 있다고 생각하렴. 그러면 너는 더 여유 있고 자신 있게, 그리고 더 침착하게 행동할 수 있을 거야.
물론 여유 있게 한다고 해서 일상적인 일을 제때에 처리하지 않고 미루는 일이 있어선 안 되겠지.

마음의 소리에 귀기울여라

이런저런 사람들의 충고를 귀담아 듣거라. 비록 그 충고가 반복적인 것처럼 보일지라도 그것은 너의 생각을 풍부하게 해 줄 거야. 네가 엄마가 되면 주위 사람들은 모두 나서서 아이를 기르고 교육하는 방법에 관해 충고하려 할 거야.
내 말을 잘 들어 보렴. 그때 가장 최선의 길잡이는 네 마음의 소리란다. 엄마의 마음은 결코 빗나가는 법이 없거든.

바람이 강할수록 힘차게 걸어라

사람이 부당한 일을 당했을 때 쇠약해지거나
혹은 스스로 부당해지는 경우가 있을 거야. 나는 네가
그렇게 되지 않기를 바란다. 일생 동안 너는 여러 번 불의에
직면하게 될 거다. 그것이 너에게 직접, 아니면 가까운
사람들에게 다가올 수도 있지. 네가 그것에 대해 저항하는
것은 당연해. 헛소문이나 나쁜 의도에 대해 고개를 숙이고
들어간다면 어떻게 자신을 지킬 수 있겠니?
그 경우 너의 적들에 대해 냉정하게 대처하는 것말고는
뾰족한 수가 없단다. 적어도 겉으로는 그래야지. 특히 논쟁을
피해야 하는데 그것은 불똥을 더욱 커지게 할 뿐이지.
또한 너 자신의 결백을 입증하려고 애쓰지 말아라.
자신의 무죄를 입증하는 것은 희생자의 소임이 아니란다.
너는 침묵 속에서 얼마간 고통을 겪게 되겠지만 그렇다고
쓰러지진 말아라.
바람이 강하게 불수록 오히려 힘차게 걸어야 한다.
언젠가 수모를 되돌려 줄 날이 오고 말 거다. 치사한 공격은
결국 그것을 가한 사람에게 되돌아가는 법이거든.

졸지 마라

위험이 물러갔다고 생각할 때가 가장 위험한 법이다.
잠잘 때도 한쪽 눈을 뜨고 있어야 한다는 말은 아니지만,
어쨌든 경계를 늦추지 말아야 한다.
위험을 예방하는 가장 확실한 방법은 그것이
마치 잡초처럼 자라난다는 사실을 잊지 않는 거란다.

일단 시작한 일은 끝을 맺어라

미완성 상태의 초안이나 스케치 등은 쓸모가 없다.
또한 급한 일을 핑계로 시작한 일을 끝내지 않는
습관도 위험하단다. 항상 정보가 필요하다고
좀더 시간을 달라고 요구하는 것도 마찬가지란다.
시작한 일을 결코 끝내지 못하는 것은 많은 사람들이
흔히 드러내는 결점이지. 일단 시작한 일을 마무리하는 데
들이는 시간에 비해, 끝내지 못한 일을 나중에
다시 시작할 때 드는 시간이 훨씬 더 많은 법이다.

찬양

우리 사회는 인간을 평가할 때 그가 가진 재산이나
또는 가지고 있다고 생각되는 재산을 기준으로 하는 경우가
많다. 또한 사회는 허세 부리는 사람, 사기꾼, 협잡꾼들을
찬양하고, 세력가들에게 아첨하며, 재능이 뛰어난 사람에게도
박수를 보낸다. 물론 그가 '엘리트 클럽'의 보증서를 붙이고
있다는 가정 하에서 말이다.
그러나 확실히 말하지만 명성을 위해 천박한 행동을 하거나
연방 굽실거리는 것은 부질없는 일이다.
왜냐하면 공적인 찬사보다도 고독한 행로가 더 내밀한
즐거움을 선사하기 때문이지.
그래서 사람들은 생전에 미술관에 작품이 전시된 사람은
예술가로서의 생명이 끝났다고들 말하는 것 아니겠니?

경쟁자

경쟁자의 존재는 사실 중요하다.
그의 존재를 다행스럽게 생각하고 그들을 중시해야 한다고
말한다면 지나친 것일까?
그들 덕분에 우리는 끈기를 발휘하고 나아가 더 강화할 수도
있다. 경쟁자의 존재는 우리의 신념을 확고하게 만들어 주지.
만약 승리가 어려움이나 저항 없이 얻어진다면
그게 무슨 가치가 있겠니?
경쟁자는 우리의 시야를 열어 주고 한 차원 높아지게 한다는
점에서 값으로 따질 수 없는 의미가 있지.
경쟁사를 중시해야 한다고 내가 거듭 강조하는 이유도
바로 그들이 없다면 우리가 나약해지기 때문이란다.

대담성

대담성은 승리를 쟁취하게 해 주는가 하면,
때로는 몰락을 재촉하기도 한다. 그러나 대담하지 않으면
큰 성공을 기대할 수 없단다.
또한 그렇게 해서 얻은 승리는 너무 멋진 것이기 때문에
대담성으로 인한 실패를 상쇄하고도 남는 효과가 있단다.

미래

미래에 대한 내 생각을 한 번 말해 볼까?
미래란 항상 우리를 뒤쫓는 시간이란다.
미래란, 1초 후에는 이미 과거가 되는 현재 시간이거든.
내 말에 너무 웃진 말아라. 사실 미래란 게으른 사람,
그러니까 오늘 해야 할 일을 항상 내일로 미루는 사람의
전용물이란다. 현재를 두 팔로 껴안으려면
미래를 너무 의식하지 않아야 한단다.

인생의 우여곡절

우리는 스스로 굳건한 땅위를 걷고 있다고 생각할지라도,
사실 외줄을 타는 곡예사와 다를 바 없지.
네가 그 모습을 항상 마음에 새기고 있다면,
결코 균형을 잃지 않을 거야.

강인한 성격

재산은 조금씩 없어질 수도, 갑자기 없어질 수도, 혹은
낭신해 버릴 수도 있다. 그러나 강인한 성격을 가진 사람은
의연하고 꿋꿋해서 불행에 잘 견디고 언제든지
힘차게 새 출발할 수 있단다.
성격이란 사람의 중추에 해당하는 것이지. 강인한 성격을
갖추기 위해서는, 정해진 것 이상을 하려고 애쓰고
숨이 찰 때까지 달리며 안일함을 거부해야 한다.
사람은 안일해지면 노력 없이 견실한 것을 이룰 수 없다는
사실을 잊어버리지. 네가 이러한 자질을 개발하면 인생이
힘들거나 평탄할 때, 어느 때라도 대담하게
맞설 수 있는 일종의 무기를 갖게 되는 셈이란다.

명예와 용기

돈을 잃는 것은 가벼운 손실이요,
명예를 잃는 것은 무거운 손실이며, 용기를 잃는 것은
돌이킬 수 없는 손실이라는 사실을 명심하렴.
용기 없이는 무엇을 기대할 수도 시작할 수도 없단다.
그리고 명예가 없으면 모든 신용을 잃게 된다.
그러나 돈은 생길 수도 있고 없어질 수도 있는 거란다.
파산한 사람들 가운데 얼마나 많은 사람들이 용기와 끈기로
다시 재산을 회복하고, 나아가 그들이 잃었던 것보다
훨씬 더 많은 재산을 벌어들였는가를 보면 알 수 있지.

명예

공연한 허영심에서 명예를 추구하지 말아라. 왜냐하면
그 대가가 너무 크거든. 특히 유력자들의 마음에 들려면,
경쟁적으로 아첨을 늘어놓아야 하고 그들의 변덕스런
취미에 박수갈채를 보내야 할 거야. 그것은 비굴한 방법으로
출세하려는 것인데, 그들의 변덕에 휘둘리지 않고 성공하려고
하는 사람에게는 대단히 불명예스러운 태도이지.

쟁취하라

운명의 손이 너를 움켜쥘 때까지 기다리지 말아라.
공놀이를 할 때 네게 공이 오면, 너는 다시 던져야 하지
않겠니? 인생의 이치도 마찬가지란다.
식탁에 앉아서 과일이 나오기를 기다리지 말고 그것을
따러 가야 한다. 원하는 것이 있으면 그것을 쟁취해야 해.
그것이 가장 확실한 방법이거든.

의무

너는 간혹 해야 할 일 중에서 쉬운 것을 방치해 두거나
뒤로 미루는 경우가 있을 거야.
그러나 절대 그렇게 해서는 안 된다. 오히려 어려운 일
못지않게 주의를 기울여 쉬운 일을 해 나가도록 하렴.
흔히 작은 문제들을 등한시해서 큰 문제가 발생하거든.
일단 이러한 '일상적인 일들'을 적절히 처리했을 때 너는
비로소 '급한 일들'을 해결하는 데 필요한 시간을
할애할 수 있을 거다.

비판

인정받고 싶은 욕망은 사람으로 하여금
경솔하고 주제넘은 행동을 하도록 부추기는 속성이 있다.
중요한 위치를 차지하고자 한다면 비판을 받아들일
마음의 준비를 해야 하고, 가장 비열한 공격에도
너무 고통스러워하지 않아야 한단다.
물론 할퀸 상처는 종종 자국을 남기는 법이지.
그런데 간혹 원치 않았는데도 운명이 우리를 무대 위에
올려놓는 경우가 있단다. 그렇다 하더라도 불평할 건 없다.
왜냐하면 우리가 가는 길에는 적대적인 사람들도 있으며,
그것을 자신을 지키기 위한 일종의 유명세라고 생각하렴.
단지 그것이 빨리 지나가길 바라자꾸나!

비열한 행동

금전, 권력 그리고 명성을 추구하다 보면 사람들은 터무니없는 과오를 범하고 비굴한 짓을 저지른다. 많은 사람이 그것들을 얻기 위해 위험에 연루되고 음모를 꾸미거나 배임행위에 빠져들기도 하지. 그러면서도 겉으로는 도덕군자인 척하면서 훈계를 늘어놓곤 한단다.

그런 사람을 식별하기는 쉬운 일이다. 그들은 자신감을 드러내고 군림하려 하며 유식한 체하지만 사실은 대단히 나약한 사람들이란다.

권위만 가지고는 사람들의 눈을 속일 수 없기 때문이지. 뻐기거나 메달을 걸어 놓고 자신의 연고를 과시하는 것으로는 주위의 충분한 존경을 사기 어렵거든.

장담하는데, 이런 자들은 결코 '아니오'라는 말을 하지 못한단다. 왜냐하면 그들은 자유인이 아니거든!

베풂

네가 남에게 은혜를 베풀었더라도 감사의 표시를
기대하지 말아라. 그럴 거라면 처음부터 베풀지 않는 편이
낫다. 어쨌든 일단 베풀었으면 그 사실을 잊어버려라.
혹시 부주의해서 네가 그것을 자랑하고 다녔다면,
너는 점잖지 못한 행동을 한 거란다.
이 때문에 상대방은 네게 도움받았다는 사실을
평생 원망할지도 모른단다.

운명의 방향

운명은 인간에게 두 개의 길을 제시한단다.
자신의 운명에 대해 한낱 수동적인 방관자로 머물거나,
아니면 주역이 되는 것을 선택할 수 있지.
어쨌든 운명의 방향을 바꾸려면,
그에 필요한 힘을 찾아 의지를 총동원해야 한다.

자신의 문제에 대해 거리를 유지하라

종종 어떤 문제들이 해결할 수 없는 것으로 비쳐지면서
우리를 압도하는 경우가 있다. 이리저리 뒤집어 봐도 해답이
보이지 않는 블랙 홀 같은 문제들이지.
그러나 만약 해결의 실마리를 붙잡고 싶다면 그 문제들이
너 자신에 관한 것이라는 사실을 잊도록 해 보렴.
그것을 다른 사람들의 문제라고 생각하면 놀랍게도 해결책이
보일 수 있단다. 결코 예상치 못했던…….
시련이 닥쳐왔을 때 분별력을 잃지 않도록 거리를
유지할 줄 알아야 한다.
너 자신의 문제에 대해 이방인처럼 행동하렴.
그러다 보면 밝은 빛이 솟아날 거다.

타고난 재능 (1)

종종 신에게 선택받은 자들은 많은 재능을 갖고 태어나지.
그러나 그들이 재능을 제대로 활용하지 않기 때문에
그것이 유익한 것이 될지는 확실치 않지. 그들은 한 분야에서
다른 분야로 아주 쉽게 넘어가는 반면,
어느 한 분야에만 몰두하는 경우가 드물지.
그들은 그런 식으로 재능을 낭비하는 대신, 만약 한 곳에
노력을 집중했다면 확실히 성공을 거두었을 거야.
신이 너의 활에 많은 줄을 부여했다면, 그것은 그 중에서
가장 적합한 것 하나를 선택하도록 하기 위함이란다.
모든 것을 다 건드리면,
우리는 결국 어떤 것도 끝낼 수 없게 되고 만다.

지혜

신 포도밭에 살면서 포도가 덜 익었다고
속상해하지 않는 것은 진정한 지혜의 시작이자 끝이다.

실력 이상의 힘을 발휘하라

우리는 현재보다 훨씬 더 큰 능력을 발휘할 수 있단다.
즉 스스로 생각하는 것보다 더 큰 가치를 가진다는 것이지.
자신에 대해 엄격하지 않다면, 다른 사람에 대해 어떤 것도
요구할 수 없는 거야.
사람은 각자 자신으로부터 최상의 것을 이끌어 낼 수 있는
능력이 있단다. 아무리 자질이 탁월한 종마라 할지라도
기수의 채찍질이 없으면 결코 빨리 달리지 않는 법이다.
자, 너 자신을 채찍질해 보렴.

장점

너의 장점을 결코 떠벌려서는 안 된다. 장점이 있거든
그것을 알아보는 수고는 남들에게 맡기거라.
자신에 대해 쉽게 만족하는 성향은 우리의 결점이자
우리가 순진하게 빠져드는 함정이란다.
진정한 장점은 침묵과 조심성을 요구한다.
바로 그 점은 자랑스럽게 여겨도 될 거야.

떠버리

조용한 사람이 있고, 자신을 선전하는 사람이 있다.
행동하는 사람이 있고, 자신의 행동에 관해 떠벌리는
사람이 있다. 자신의 일을 진지하게 수행하는 사람이 있고,
무게 잡는 사람이 있다. 전자는 가까이 사귈 만한 사람이고,
후자는 멀리해야 할 사람이라는 것을 알겠지.
떠버리와 마주치는 경우는 아주 많을 거야. 그는 주목받지
못할까 봐 전전긍긍하며 자신의 존재를 알리려고 소란을
피울 테니까 바로 알아볼 수 있을 거다.

자신이 맡은 일을 명예롭게 하라

자신의 직위에서 명예를 구할 것이 아니라 직위에 필요한
일을 열심히 해서 직위를 명예롭게 해야 한다.
그러한 헌신적 노력에 힘입어 너는 직책이 아니라
그 직책을 수행한 태도에 따라 평가받을 거야.

겸손하라

자신보다 남을 바보로 여기는 것, 그것은 우리가
공통으로 가지는 결점이란다. 남에게 불쾌감과 원한을
초래할 뿐인 그런 고약한 성향은 피하도록 하거라.
똑똑한 사람은 오히려 타인을 자신보다 낫다고 여긴다.
너도 그렇게 하면 더 똑똑한 사람으로 인정받을 텐데,
그건 단지 네가 겸손할 줄 알기 때문이지.
겸손하렴. 특히 너보다 못한 사람에 대해서 겸손하거라.

훌륭한 생각

훌륭한 생각은 저절로 뻗어나가 목표에 이르게 마련이므로
꼬치꼬치 설명할 필요가 없단다.
생각은 단순할수록 실현 가능성이 높지. 진리도
마찬가지로 간단 명료하면 감히 회의하지 못하는 법이지!

젊음

'젊음'이란 참을성이 없고 충동적이며 야심 차고
욕심이 많아야 한다. 얌전한 젊음, 가만히 기다리면서
시간이 해결해 줄 거라고 믿는 젊음처럼 한심한 것은 없다.
그것은 아무 일도 하지 않은 채 무언가 모르는 것을
기다리는 것이라고나 할까.
아무런 시도도 하지 않는 것보다는 위인들이 말한 것처럼
실패의 위험을 무릅쓰고 끊임없이 시도하는 편이 낫단다.
젊다고 해서 시간이 흘러 혈기가 누그러지길 기다려선 안 되지.
성공적인 인생을 꾸려나가고 싶다면 젊음을 사용해라.
그렇지 않으면 그 힘을 잃어버린단다.
젊은이에게 들려 주는 가장 나쁜 충고는 묵묵히 참고 있으라는
것이지. 젊은이는 성난 말처럼 질주하고 장애물에
부딪힐 위험이 있더라도 혈기를 표출하도록 풀어 주어야 해.
젊은이가 일생 동안 원대하고 멋진 일을 꾸미고
시도할 수 있는 정열을 가지는 것도 이러한 질주 때문에
가능한 것 아니겠니!

여론

여론처럼 기만적인 것도 없단다. 여론 뒤에는
위험을 최소화하면서 군림하고자 하는 정치세력이 숨어 있지.
여론은 얌전한 처녀 같지만 사람들이 조금만 다르게
행동하려고 하면 곧 반발한단다. 따라서 여론의 비위를
거스르지 않기 위해 몇몇 나라는 반동적 행태를
보이기도 하지. 자신의 인기를 스스로 떨어뜨리자면 용기가
필요하고, 시간이 흐르면서 여론이 급변하여
인정을 받고 싶다면 인내를 발휘할 줄 알아야 한다.
사회 생활 모든 분야에서 사정은 마찬가지란다.

운명

시간을 지배할 수도, 자연 현상을 뜻대로 할 수 있는 것도
아닌데 하늘을 원망한들 무슨 소용이 있겠니?
기다리렴. 지금은 악천후이지만 날씨는 곧 좋아질 거고,
입이 닳도록 그를 칭송할 때가 올 테니까.

배운 다음 잊어버려라

배우고 또 배우거라.
그러나 자신의 생각은 조금도 없이 배운 지식만으로 거드름
피우는 사람들을 흉내 내지 않으려거든 배운 것을 잊어버려라!
배운 사실들을 단지 모자이크처럼 짜깁기하는 게 아니라
진정 네 것으로 만들고 싶거든 읽은 것을 곧이곧대로
받아들이지 말아라. 그 중에서 네 마음을 움직일
내용만 가슴에 새겨라. 지성이란 마음으로 이해하는 곳에
있는 법이니까.

무위도식

게으름과 무기력에 빠지지 않도록 조심해야 한다.
사람들은 일을 함으로써 자신을 쓸모 있는 존재로 만들지.
하지만 게으르거나 고통으로 인해 일손을 놓고
우울과 자기 파괴에 빠져드는 경우도 적지 않지.
무위도식은 마음을 짓누르고 시간이 흐를수록 고통은
더욱 무거워진단다.

용서하라

은혜를 모르는 사람을 용서하거라. 고의가 아닌 잘못도
용서하거라. 용서하되 착각은 하지 말고.
그러나 네게 상처를 주는 사람, 너를 모욕해 무력화하려고
하는 사람은 용서하지 말아라. 하지만 복수는 하지 않겠다고
다짐하렴. 속이 까맣게 타들어 가는 일이 없도록 모욕을
잊고 시간에 맡기거라.
원한을 곱씹으면서 힘을 소진하는 일이 없도록 해야 한다.
성마른 사람만이 원한에서 존재 이유를 찾는 법이다.

반항은 당연하다

네가 불의나 기존 질서, 또는 부모에게 반항하게
될 날이 올 거다. 그것은 당연한 일이고 네게 활력과 재산이
될 독립심이 생겼다는 증거란다. 그건 또한 행운이기도 한데,
그 이유는 반항할 수단이나 용기를 가진 사람, 또는
그 필요성을 느끼는 사람조차 드물기 때문이지.
만약 네게 그런 정열이 있다면, 너는 결코 세상의 고통에
냉담하지 않을 거야.

두려움

두려워한다고 반드시 비겁한 것은 아니다. 평범한 사람이 두려움 때문에 영웅이 되는 경우가 종종 있거든.
하지만 마음속을 떠나지 않는 두려움, 급기야 모든 것을 두려워하게 만드는 두려움, 그런 두려움은 하루빨리 몰아 내야 한다. 닥쳐올 고통을 두려워한다고 무슨 도움이 되겠니? 또 두려움보다 더 나쁜 것이 있는데,
그건 두려움을 두려워하는 것이다. 네게 부탁하건대, 두려움은 환상이므로 제발 두려워하지 말아라.

확신과 증거

확신은 증거가 아니다. 따라서 확신이 아무리 강하더라도 신중하게 행동해야 한다. 확신이 터무니없는 거짓말보다 더 해로운 것이 될 수 있기 때문이지.
따라서 사소한 문제일지라도 결정을 내리기 전에는 가능한 한 구체적인 증거를 토대로 삼아라.

시간을 엄수하라

자신의 인기를 관리하고 스스로 중요한 인물임을
드러내고자 하는 사람 중에는 상습적으로 약속 장소에 늦게
나타나거나 사람을 기다리게 하는 자들이 있단다.
그건 소인배들의 수법이지.
약속 시간을 꼭 지켜라. 너와 만나길 원해서 약속한 사람은
누구든지 절대로 기다리게 해서는 안 된다. 이 규율을
지킨다면 너는 시간을 아끼게 될 뿐 아니라 존경받게 될 거야.

자신을 지키는 법

집에 비가 새는 것을 막으려면 날씨가 좋을 때 기와를
얹어야 하지. 겨울용품을 싸게 사려면 여름에 구입하는 것과
같은 이치이지. 화창한 날씨는 오래 가지 않으므로
악천후가 닥쳐왔을 때 놀라지 않으려면 날씨가 좋을 때
많이 대비해야 한다.

진보는 결코 멈추지 않는다

"모든 것이 이미 밝혀졌고 완성되었다!"
미래에 대해 이렇게 공언하는 학자들이나 예언자들은
이제 더 이상 새로운 것이 나올 수 없다고 말한다.
아주 비관적인 견해이지. 만약 그 말이 사실이라면 삶은
절망적일 거야. 그러나 그런 비관론을 퍼뜨리는 사람들의
말에 개의치 말아라. 그들은 반드시 비판을 받게 될 거야.
앞으로도 진보는 결코 멈추지 않을 것이고 눈부신 발견들을
바라보며 우리는 감탄할 거야.
새로운 기적들이 일어나고 천재들이 나타나고 뜻밖의
발견들이 나올 거야. 인간의 상상력은 끝이 없고
어떤 사람의 상상이 아무리 황당하다 하더라도 다른 사람이
그것을 실현할 수 있는 것이니까!

신중함과 대담성

신중하게 행동한다고 대담성이 필요 없는 것은 아니다.
물론 그렇지 않다고 주장하는 사람들도 있을 거야.
그러나 장차 네가 결정을 내리게 될 경우, 대담할 필요도
있고 아울러 신중할 필요도 있단다. 상황에 따라 달리 태도를
취해야겠지. 길이 한적할 때는 가속 페달을 밟아 속도를
내야 한다. 그러나 길이 구불구불하고 혼잡할 때는 좀더
신중하게 운전을 해야 한다.

질문 속에 답이 있다

너는 살아가면서 쏟아지는 질문들, 특히 무례한 질문들에
답하는 일이 그리 어렵지 않다는 사실을 깨닫게 될 거야.
대개 질문 속에 이미 대답이 있기 때문이지!
그들의 질문에 다른 질문으로 대응한다면 너는 무례한
사람들을 여유 있게 받아넘길 수 있을 거다.

세상만사 새옹지마

'세력가' 주변은 권력과 명예가 절정에 달했을 때 환심을
사려는 사람들로 북적대지. 그러나 그에게 불운이 닥쳐오면
사람들은 떨어져 나가게 마련이다.
만약 네가 아는 사람 중에 불운에 처한 사람이 있거든
등 돌리지 말고 변함 없는 우정을 보이거라.
물론 그의 친구들은 더 이상 친해 봐야 이득이 없으므로
그에게서 등을 돌릴 거다. 그러나 운명의 수레바퀴는 돌고
돌기 때문에 불운이 지나가고, 그가 권력과 명예를 되찾는
시간이 올 거다. 그때 그는 자신에게 우정을 보이고 보살펴
준 사람들을 기억할 거야.

먼저 화해의 손을 내밀어라

화해의 가능성을 열어 둔다면 어제의 적이 내일의 동지가
될 수 있단다. 말 한 마디, 손짓 하나가 경쟁과 반목의 불길을
끌 수 있으니까. 네가 먼저 손을 내민다면 너를 공격하거나
비방하던 사람도 너를 따르는 충직한 사람이 될 수 있을 거야.

휴식

너의 건강을 배려한다고 내일을 위해 일찍 자라고 충고하는
사람이 있거든 그의 기분을 상하지 않게 이렇게 대답하거라.
일단 할 일을 마치고 나도 쉴 시간은 충분할 거라고.

자유

속박이 없는 성공이란 없단다. 그게 세상의 이치야.
자신을 완전히 던져 넣지 않고는 중요한 일을 절대로 성취할
수 없단다. 그래서 우리는 우리의 자유를 빼앗아 갈 일에
곧장 갇히게 되는 것이지!
사실 재산을 관리하는 사람은 그것을 온전히 즐길 시간이나
여유를 누리지 못한다. 따라서 지혜롭게 사는 길은 균형 잡힌
삶을 위해 자신의 야망을 자제하는 데 있다고 말하기도 하지.
그러나 네 안에서 절대적인 목소리가 절박하게
더 멀리, 더 높이 나아가기를 명령할 때,
그것은 임무와 소명의 문제란다. 너 자신이 선택한 것이기
때문에 너는 물론 자발적으로 얽매이게 될 거야.

재산에 집착하지 마라

부는 사람을 지나치게 소심하게 만든다. 바람만 슬쩍
불어 와도 어느새 감기에 걸리고 말지! 부자는 결국 없어질
재산을 혹시 잃지나 않을까 전전긍긍한다. 재산에 집착하는
얼마나 많은 아르파공(몰리에르의 작품 『수전노』의 주인공)이
재산이 축나는 것을 두려워한 나머지 쓰지 않아서
그냥 없어져 버리는 것을 보았을까?
돈은 헌신적인 노예일 수도 있지만 그것에 집착하는
사람을 노예로 만들 수도 있단다.

모험

나는 늘 부정확한 계산보다는 위험한 모험을 좋아한다.
너도 알게 되겠지만 계산을 하다 보면 벽에 부딪히게
되기 때문이지. 계산의 논리에 대한 본능적인 거부감이 없으면
희망 찬 행동도 없단다. '2+2=4'라는 사실을 인정하는 데서
그친다면 우리는 무엇이 될까? 물론 경리가 되겠지.
하지만 사막을 가는 사람은 모래알을 세지 않는 법!

겸손과 무례

상대가 어떤 사람인지, 무엇을 소망하는지, 또 능력이 어느 정도인지는 알아야 한다. 사람의 지식과 능력을 알려고 하는 것은 무례한 짓이 아니란다. 어떤 사람의 소망이 무엇인지를 아는 것 또한 건방진 일이 아니다. 하지만 반드시 알아내려고 하는 것은 건방진 일이지. 자신의 장점을 인정받기 위해 지붕에 올라가서 큰 소리로 외칠 필요는 없지. 비록 장점이 단점보다 뒤늦게 인정받는 것이 사실일지라도 말이다!

조짐

말이란 사람의 내면에 깔린 사고를 불완전하게 반영하는 단어에 불과하단다. 말보다는 그 사람의 손을 관찰하는 편이 낫지. 손을 떨고 있지 않나? 신발에 왁스칠은 잘 되어 있나? 손톱을 깨물고 있지 않나? 그런 것들은 사소한 조짐이지만 어쩌면 그가 하는 번드르르한 말보다 그 사람을 더 잘 드러내는 것일지 모른단다! 이러한 움직임을 감안해서 듣지 않으려면 상대방의 말을 아주 주의해서 들어야 한다.

비밀 (2)

아무리 찢어지게 가난한 사람이라도 자신의 비밀을
넣어 두는 상자 하나 정도는 가지고 있는 법이다.
모두가 그러하듯 너에게도 비밀이 있고 네가 그 비밀의
주인이지. 그러나 만약 경솔하게 비밀을 흘려 버리면,
비밀은 그때부터 너를 지배하는 주인이 될 거야.

비밀 (3)

남을 쉽게 믿는 사람은 너무 경솔하게 자기 마음을
털어놓는 경향이 있지. 이따금 아주 특별한 사람에게
마음 내키는 대로 털어놓는 것도 나쁘진 않지만,
마음속 깊이 감동한 일은 누구에게도 털어놓지 않아야 한다.
말을 너무 많이 하면 자신을 드러내게 되고,
그 결과 언젠가 너를 배신할지도 모를 사람들에게
공격의 무기를 제공하는 것이지.

삶의 의미

삶의 의미에 관해서는 물을 필요가 없다고 보는데…….
거기에 어떤 영속적인 의미를 부여하려고 하는 것이 아니라면
말이다. 다가오는 하루 하루, 지나가는 하루 하루는 일종의
기적으로서, 그 가치를 제대로 음미해야 한단다.
하루 하루 안에 영원이 깃들여 있으므로 하루를 낭비하는
것은 아주 실속없는 짓일 거야. 매일 아침 제일 맛있는 과일을
상하기 전에 베어먹는다는 기분으로 살렴.
내일이면 아름다움과 건강과 재산이라는 혜택이 그것이
주어졌던 만큼 쉽게 네게서 사라질 수 있다는
사실을 명심하거라!

환상

우리의 꿈과 거리가 먼 환상을 품어서는 안 된다.
환상일랑 버리거라. 그리고 나서 네가 원대한 일을 꿈꾼다면
그건 반드시 네게 그것을
실현할 수 있는 능력이 있기 때문일 거야.

고독을 즐겨라

혼자가 되는 것을 두려워하지 말고 오히려 반겨라.
사람은 힘든 적응 기간을 거치고 나서야 비로소 고독의
감미로움을 즐길 수 있지.
고독은 조금 단식과 같은 점이 있단다. 단식을 자발적으로
행하면 그것은 우리의 건강을 되찾아 주잖니.
고독은 자신을 돌아보게 하고 번잡한 것들에서 벗어나게
해 주지. 우리는 고독에서 어떤 고단한 시련도 극복할 수 있는
내적인 힘을 얻지. 고독은 자신의 약점을 일깨우고
정신의 힘을 강화한단다.
고독을 달래면서 우리는 고독과 모든 것을 얘기할 수 있는
친구가 된다. 말없는 고독 덕분에 우리는 군중 속에서도
빈자리를 만들 수 있지.

불확실성

우리 앞에 남은 시간이 무한하다고 한 번 상상해 보자.
그렇게 되면 끔찍할 거야. 목표를 정하도록 자극하는 것이
전혀 없으므로 우리는 해야 할 일을 자꾸 내일로 미루게
될 거다. 평소 이상의 실력을 발휘하는 데 없어서는
안 될 경쟁심도 사라지겠지. 시간을 고려하지 않으므로
삶은 끔찍하리 만큼 단조로워질 거야!
삶이 불확실하다는 사실을 받아들일 때 우리의 행동
하나하나는 중요해지고 우리가 마련하거나 우리에게
주어진 시간들은 소중한 의미를 가지게 된단다.
영원한 불균형은 인간의 숙명적인 조건이고
그 속에서 우리는 나름대로 균형을 찾아 나가는 것이지.

문제마다 해결책이 있는 법

도저히 극복할 수 없을 것 같던 난관들이 아주 쉽게 해결되는 경우가 종종 있단다. 너도 그런 경험을 할 거야. 그리고는 깜짝 놀라겠지. 해결책을 찾지 못해 산더미처럼 쌓아 둔 문제들도 사정은 마찬가지란다.
포기보다 더 나쁜 것은 없다는 사실을 인정한다면 문제마다 해결책을 찾을 수 있고 문제를 쉽게 볼 수 있는 실마리를 발견하게 될 거다.

가장 중요한 미덕은 정직이다

미덕에 관해 말해 보자.
미덕은 다양하므로 몇 가지 미덕을 갖추었다고 자부하는 이들은 사실 덕이 부족한 사람들이다. 내가 보기에는 인간이 추구해야 할 가장 중요한 미덕은 정직이란다. 정직한 마음가짐. 정직한 일 처리. 정직한 신념. 이런 조건들을 갖추었다면 그 사람은 틀림없이 미덕이 있는 사람이다.

노력과 행운

성공을 거둔 것이 오직 행운 때문이라고 하는 것은
실패를 변명하기 위한 것이란다. 사실은 노력 때문이고,
행운을 설명할 수 있는 건 노력이란다.
좋아하는 일을 열심히 하는 행복, 그게 행운이지.
바로 그거야, 사람들은 그것을 길게 설명할 수 없으니까
그저 '행운'이라고 부르는 것이지……

타고난 재능 (2)

유감스럽지만 재능을 타고난 사람들이 그렇지 않은 사람들에
비해 반 정도밖에 재능을 발휘하지 못하는 경우가 많단다.
두 배 더 재능을 발휘해야 하는데도 말이다.
아무리 천부적 재능이 있는 운동선수라 하더라도
아무런 준비 없이 시합에 출전한다면 메달을 딸 수 없을 거야.
남들보다 고된 훈련을 해야만 그는 장차 챔피언이 될 수
있을 거야. 물론 최고 챔피언도 될 수 있겠지.

한 개인의 힘

일에 대한 강렬한 욕망 때문에 힘있는 사람들의 이해관계를
건드리는 일이 생기는 경우 그들이 너를 두 팔 벌려
맞이하지 않는다는 사실을 잊지 말아라. 오히려 그 반대지.
그들 편에서 보면 '집단과는 무관한 한 개인'이 자신들을
더 강력하게 위협하는 존재란다!
자기들보다 열세인 사람과 부딪쳐 보아야 얻는 것보다는
잃는 것이 많기 때문이란다.
네 결심이 단호하고 실패를 두려워하지 않는다면
아무리 힘있는 집단도 조그만 구멍 하나에 바람이 빠지고
마는 풍선만큼 약하다는 사실을 발견할 거다.

재산

네가 큰 재산을 이루는 데 집착하면 그것을 적절하게
즐길 수 없을 거야. 일의 노예가 되게 하는 이런 지나친
욕망에 사로잡히지 않도록 하렴.
돈이나 과다한 취미 활동으로 정신이 흐릿해지지 않도록
네 안에 자리잡고 있는 욕망을 절제하도록 하렴.

사소한 일도 소홀히 하지 마라

사람들은 언뜻 보아 자질구레한 일들, 사소한 일들을
종종 소홀히 하지만 그것들은 우리의 삶에 재난을 불러 올 수
있단다. 시기하는 사람, 앙심을 품은 사람,
중상모략을 일삼는 사람들이 지닌 위험성을 절대로 하찮게
여겨서는 안 된다.
길을 가다 보면 산에 걸려 비틀거리는 것이 아니라,
'돌부리'에 걸려 넘어지는 법이거든!

마키아벨리즘

이른바 '명사들'의 마키아벨리즘은 고도로 기술화된
아첨에 있다. 명사들은 상대방이 자기의 '구미에 맞는'
사람으로 여겨질 때 이렇게 하지.
그 순간부터 고도로 기술화된 아첨을 통해 힘들이지 않고
상대방을 설득해 내고 만단다. 그건 반대자를 설득하고
최소의 비용으로 자신의 집단을 키워 가는 확실한 방법이지!

논쟁 후에 상대방을 배려하라

비록 너의 주장이 반박의 여지가 없다 해도
절대로 반대자를 완전히 굴복시켜서는 안 된다. 그에게 체면을
살리면서 빠져나갈 수 있는 여지를 남겨 주어야 한다.
논쟁을 벌인 후 신경 쓸 것은 너의 이익을 훼손하지 않는
범위 내에서 상대에게도 점수를 낼 여지를 주는 일이지.
부차적인 것에 대해서는 일일이 신경 쓰지 말고, 얘기를 할 때
결코 이겼다는 만족감을 과시한 채 대화를 끝내지 말아라.

정확성과 자유

일은 하루 일과의 많은 부분을 차지하고, 그 일을 잘 해내기
위해서는 정확성이 요구된다. 일을 정확하게 처리하지 않으면
너는 자유를 누릴 수 없고 항상 허비해 버린 시간을
뒤쫓아다니게 될 거야. 정확성이란 건강을 위해 매일 하는
운동처럼 사람들이 스스로에게 부과하는 규율이란다.
정확성은 사람을 구속하는 것이 아니라 시간 낭비의 원천인
무질서와 나태함을 막아 주지. 정확하면 효율성이 극대화되고
나중에 추가로 노력할 필요가 없단다.
각자 자신의 일을 잘 수행하려면 자신의 위치에서
해야 할 일을 알아야 하지. 그리고 네기 시범을 보인다면
다른 사람들도 그날의 일을 다음 날로 미루지 않게 될 거야.
정확성은 시간을 절약해 주므로 다른 사람들이 허둥대는
상황에서도 너는 여유를 즐길 수 있지.
군대는 결코 전열을 정비하지 않은 채 전쟁터로 나가지
않는 법. 지휘관은 늘 본보기가 되어야 한다.

자존심

자신의 갑옷에 갇혀 까다롭게 구는 사람들이 있단다.
그들은 유머도, 미소도 호의로 받아들이지 않지.
매사를 의심의 눈으로 보고 네가 하는 한 마디 한 마디를
이리저리 따져 보고 곡해할 것이다. 그들은 서투르게 반응하고
자기 생각을 차분하게 표현할 수 없으므로 폭력적일 수 있지.
그들은 가슴속에 슬픔이 많은 사람들이란다.
자신의 슬픔 속에서만 마음의 평화를 느끼지. 자존심이야말로
그들이 품을 수 있는 유일한 사랑이라고나 할까.

권한을 충분히 행사하라

권한은 나눌 수 없다. 권한을 나누면 효과를 떨어뜨리고
혼란을 야기하지. 두 명의 지휘자가 지휘하는 오케스트라를
본 적 있니? 네가 직업상 권한을 가지게 되면 그 권한을
충분히 행사하거라. 그 자리에 합당한 사람이 되고 안 되고는
네가 하기 나름이란다.
네가 그 자리를 원한 것은 아마 네 안에서 충분한 능력이
있다고 속삭이는 목소리가 들렸기 때문일 거야.

우유부단

중요한 결정을 앞두고 주저할 수는 있다. 그렇다고
결정을 내리지 않는다면 그보다 해로운 일은 없을 거다.
우유부단함은 성격상의 결함으로서 사람에게 해가 된단다.
이럴까 저럴까 지나치게 망설이거나, 적극적으로
행동해야 할 때 회의하거나, 어려운 문제 앞에서
스스로 해결에 나서는 대신 시간이 해결하도록 내버려둔다면,
그건 문제를 더 어렵게 만들 뿐이지.
결단의 시간이 왔다면 그대로 지나쳐서는 안 된다.

무모함

무모하다는 것은 아무 생각 없이 용기를 발휘하는 거란다.
물론 무모하지 않다면 산 정상에 오르거나 물에 빠진 사람을
구하러 나서는 일은 흔하지 않을 거야.
또한 약간 무모하다고 해서 점잖은 사람이 큰 손해를 보는
것은 아니란다. 그러나 확신하건대,
행동에 선택의 여지가 없는 사람이 대개 무모하단다.

동기

지도급 인사, 성공한 기업가, 열심히 일하는 소상인.
너는 그들이 남보다 적게 일한다고 생각하니?
그들은 남보다 두 배는 더 열심히 일하지만 불평하는 법이
없단다. 딱한 일이지만, 사람들이 마지막 남은 구원의
길이라도 되는 양 지나치게 여가 활동에 매달리는 것은
일도 없고 더 이상 성취 동기도 없을 때란다.
시간을 죽이고, 권태를 달래려고 그러는 것이지.

노력

자신을 이길 수 있는 사람은 노력을 두려워하지 않는다.
모호한 핑계를 대며 노력하지 않는 사람이 자신의 한계를
인정하는 것이지. 절대로 노력을 꺼려서는 안 된다.
노력함으로써 너는 고통받기는커녕 네 안에 잠재해 있는
엄청난 능력을 의식하게 될 거다.
네가 할 일은 그 능력을 최대한 활용하는 것이지.

소심함을 벗어 버려라

물 흐르듯 자연스러운 겸손과 마음을 짓누르는 소심함을
혼동하지 말아라. 네 성격이 소심하다면 넌 항상 조역만을
맡게 되겠지. 아이 때의 소심함은 연민을 불러 일으키지만
커서는 사람을 위축시킨다.
소심함을 벗어 버리려면 쭈뼛거리지 말고 거리낌없이
사람들을 바라봐야 한단다.
너는 사람들이 위에서 너를 내려다보고 있다고 생각하니?
네가 말을 시작할 때, 그들이 조금 우스운 상황에 있다고
상상해 보렴. 장담하건대,
그러면 그들은 훨씬 덜 위압적으로 보일 거야.

어리석은 사람

어리석고 저속하며 편협한 상대를 설득하려면 재치와 지성을
겨루어야 하겠지. 그러나 너는 고전하게 될 거야.
비교를 통해 그 이유를 말한다면, 똑똑한 사람과 갈등을
해결하려고 할 때는 오히려 큰 문제가 생기지 않지만,
어리석은 사람과는 더 힘들기 때문이지.

마음이 원하는 대로 행동하라

행동하는 것은 인간의 특성이다.
물론 많은 사람은 쓸데없이 분주하게 움직이지.
사람은 움직이지 않고도 행동할 수 있고 행동에 나서기 전에
깊이 생각해 볼 수 있다. 그러나 생각이 지나치면 사람은
대개 일체의 행동을 포기해 버리고 만단다. 마음이 원하는
대로 행동하고 나서 잘 생각해 본 다음 반응할 수 있지.
행동에 나서기 전에 반드시 너의 직관에 귀를 기울이거라.
실패할 경우 행동에 나섰을 때처럼 신속하게
철회할 줄 안다면, 여러 가지 상황에서 너에게 자신의
직관보다 더 훌륭한 충고자는 없을 거야.

인간의 본질을 파악하라

소문을 참고할 때 실수하지 않으려면 인간은 원래 그래 왔던
모습이 아니라 변화한 모습이라는 사실을 명심하거라.

하늘이 내린 선물, 열정

열정은 하늘이 내린 선물이란다. 열정이라는 복을 받았다면
너는 혜택을 타고난 거다. 열정적인 사람은 다른 사람들이
고통스러워하는 일을 거뜬히 해내기 때문이지.
그러나 열정을 효과적으로 이용하자면 네 힘을 분산시키지
말아야 한다. 열정은 마음을 열게 하는 힘이 있지만
노력을 게을리하게 한다는 단점이 있단다.
어쨌든 네가 태어날 때 열정이라는 복을 받았다면
문제될 게 없다. 그건 네가 선택받은 사람이라는 증거이니까.

끝까지 밀고 나가라

인간이 가진 큰 약점 가운데 하나는 어떤 모험이 힘겨워
보일 때 지나치게 일찍 포기한다는 것이다.
그런 일은 합리적이기보다 오히려 오만하기 때문에 일어나지.
어떤 일을 시도하기 전에 가능한 위험요소들을 객관적으로
점검해 보았다면, 끝까지 노력하거라.
그러면 어떤 결과라도 너는 자책할 필요가 없을 거야.

누구에게나 스승은 있는 법

아무리 최고 권력자라 해도 늘 더 강한 권력자가 있는 법이다. 무적의 챔피언을 무너뜨리는 무명의 선수가 나오게 마련이듯이 아무리 엄청난 갑부라 해도 더 큰 갑부가 있는 법이지. 지구상에서 제일인자가 되어도 스승은 있잖니! 이러한 사실을 보여 주는 최근의 동계올림픽에 관한 짤막한 기사 하나 읽어 볼래?
"장거리 코스의 최고 실력자로 최다 메달 보유자인 노르웨이 출신의 한 스키 선수가 올림픽 경기에서 같은 마을, 같은 거리에 사는 무명의 다른 노르웨이 선수에게 패배!"
그러니까 세계 제일인자도 자기 마을에서는 2등에 불과할 수 있다는 거야!

성급한 사람

약속 시간에 맞추기 위해 걸음을 재촉할 때는 남은 거리가 끝없이 멀게만 보일 거야. 그러나 네가 같은 길을 한가로이 거닌다면 우스울 정도로 짧고 쾌적하게 보일 거야.
길은 여유 있는 사람에게는 결코 길지 않은 법이다.

조심하라

모든 것을 설명하려고 들지 말아라.
모든 것을 설명한다는 것은 지나친 일이다.
지나침은 부족함보다 나쁘고
나아가 아무것도 하지 않는 것보다도 나쁘단다.

시비를 막는 법

시비를 원천봉쇄하는 가장 확실한 방법은
비방자들에게 그들이 혹할 만한 얼치기 진실을 던져서
완전히 눈멀게 하는 것이다.

신앙이 없는 사람

신을 믿지 않는 사람은 그물망이 쳐지지 않은 허공에
몸을 던지는 곡예사와 같단다.

들어 봐라

뛴다면 너는 더 빨리 갈 것이고,
걷는다면 너는 더 멀리 갈 거다.
크게 소리치면 사람들은 네 소리를 들을 것이고,
작게 말하면 사람들은 네 말에 주의를 기울일 거다.
그러나 지나치게 계산한다면 너는 속을 거야.

책임감

사람은 우선 자신에 대해 책임을 져야 한다.
책임감이 있는 사람은 주변 사람들에 대해서도 책임을 지지.
책임감은 부담이자 의무이고 영광이란다.
네가 책임감을 가지고 실수 없이 일을 수행하려면
빈틈이 없어야 해!
그럴 경우 너의 행동들은 이해될 것이고,
네가 너 자신의 이해관계에 따라 일했다고 비난할 사람은
아무도 없을 거야.

아버지를 미워하지 않고 몰아 내는 방법

사랑받다가 미움받는 것, 그것이 나의 운명일 거야.
세상의 모든 아버지들의 운명과 다를 바 없지.
물론 너도 자신의 날개로 날려면 '아버지를 몰아 내는
행위'는 불가피하지. 다만 이런 극단적 상황에 이르기 전에
네가 다음의 몇 가지 사실에 신경 써 주었으면 한다.
내가 치명적인 '미움'을 받지 않고 '가벼운 벌'로
대신할 수 있는 제안을 몇 가지 하마.
먼저 네가 원하는 모습이 아니라 있는 모습 그대로
너희 아빠를 보도록 하렴.
아빠가 자신의 성공담을 늘이놓거든 흘려 듣고 절빈이나
삼분의 일만 받아들이렴. 너희 아빠가 유머가 담긴 말을
하거든 한 마디 한 마디에 바로 반응하지 말고,
그가 화를 내고 '지긋지긋'한 모습을 보일 때는
그를 관찰하거라.
아빠가 과장하는 책임감이나 너에게 나타내는 사랑의
무게에 동요하지 말아라. 아빠들이란 다 그런 법이니까.
오랫동안 네 아빠와 함께 일한 사람들의 말을 잘 들어 보아라.
그들은 나의 독선을 참아 내느라 겪은 갖가지 어려움을
말해 줄 거다. 열렬한 숭배의 함정에 빠지지 않으려고

너는 벌써 마음을 단단히 먹고 있구나!
열렬한 숭배는 필연적으로 돌이킬 수 없는 미움에
이르는 법이다. 그러나 안심하거라,
네 아빠를 '몰아 냄으로써' 너는 그의 이미지를 파괴할
뿐이니까. 세월이 흘러 네 아빠가 다른 사람보다 더 나쁘지
않다는 확신이 들면 너는 그 이미지를 이상화하려고
애쓰게 될 거야. 아무튼 내가 한 말은 자녀들에게는
차마 밝히지 못하지만 모든 아빠들이 바라는 거란다.

네가 이런 모습으로 자란다면

부모가 너를 믿고 너의 행동 하나하나를 꼬치꼬치
캐려고 하지 않는다면, 네가 너의 일을 만족해한다면,
네가 인심이 후하면서 헤프지 않다면,
네가 모욕을 이겨 내고 복수심을 품지 않을 수 있다면,
네가 그럴 만한 사람을 사랑한다면,
네가 돈을 벌면서도 늘 더 벌려고 집착하지 않는다면,
네가 주위 사람들을 부러워하지 않는다면,
그건 네가 이 세상에서 균형 감각을 잃지 않는
성숙한 여인으로 자라났기 때문일 거야.
균형 감각이 없이는 아무도 멀리 나갈 수 없는 법이란다.

비상

너는 언젠가 날아오르고 싶을 때가 올 거야.
가족 둥지를 떠나 너 자신의 둥지를 만들고 싶어하겠지.
그건 자연스런 일이다.
우리를 마음 아프게 할 거라는 생각에 너는 슬퍼할 거고,
틀림없이 내 눈에 흐를 눈물을 보지 않기 위해
넌 엄마와 떠날 준비를 상의하겠지?
난 너를 원망하지 않을 거다. 나도 고통스러운 자유의
그 순간을 겪었으니까. 그리고 그 순간은 잠깐의 공백일
뿐이므로 우리는 다시 만나게 될 거다.
따라서 너는 변함 없이 사랑받을 것이고, 네가 걷게 될 길은
우리에게서 멀어지는 것이 아니라 오히려 가까워질 거야.
먼저 우리에게, 그리고 너 자신에게 강한 정신력을 보인 다음
네게 남은 일은 내가 이 책에 가져다 놓은 돌 몇 개를 써서
너의 인생이라는 대형 건물을 세우는 일이지.
그 돌들이 너의 건물을 튼튼하게 하는 데 도움이 되기를
바라자꾸나.

• 옮긴이의 말

 이 책은 56세라는 늦은 나이에 딸을 얻은 아버지가 딸에게 주는 인생에 대한 조언이다. 모든 아버지가 그러하듯 아야슈는 자녀의 장래에 관해 자문하며 자녀에게 언젠가 인생에서 부딪치게 될 시련을 극복할 수 있는 지혜를 들려 주고자 한다.
 하는 일들이 꼬이고 그 일들에 끌려 다니는 듯한 느낌이 들 때 나는 이 책의 번역을 맡았다. 나 자신 이 책에서 삶의 지혜를 구하고 싶었다. 그러나 한편으로 우려도 없지 않았다. 딸에게 보내는 아버지의 편지라니……. 그런 훈계조의 글은 식상할 정도로 접하지 않았던가. 학교에서 배운 도덕 교과서의 재탕은 아닐까.
 그러나 책을 읽어 가면서 그러한 우려는 사라졌다. 우선 부모가 자녀에게 보내는 편지의 내용치고는 고리타분하지가 않았다. 연장자에 대한 예의, 집단에 대한 헌신, 가족에 대한 사랑 등 판에 박은 도덕률 대신에 이 편지들은 현대 사회를 살아가는 구체적인 삶의 지혜와 기술에 관한 메시지를 담고 있기 때문이다.

협상의 기술, 부하들을 거느리는 방법, 맡겨진 일을 처리하는 법, 대인관계, 나아가 남자를 고르는(?) 법에 이르기까지 이 책은 인생의 지침이자 사회 생활의 노하우를 담고 있는 폭넓은 안내서라고 할 만하다.

이 책을 쓴 아야슈는 고등학교에서 퇴학당하고 알제리라는 식민지역 출신으로 파리에 와서 대중적인 잡지 발행에 성공한 기업인이다. 기존의 질서에 복종하지 않고 독자적으로 삶을 개척해 온 기업인으로서 그는 자신의 딸에게 삶을 경영하는 구체적인 기술을 가르치고자 한다. 나 자신 크게 공감하고 깨달음을 얻은 부분이 적지 않았다. 부모가 하는 얘기는 으레 재미없고 지겨운 것이라는 선입관을 바꿀 수 있는 책이 아닐까 싶다.

실용성을 추구하는 젊은 세대에게 나이든 부모가 주는 메시지가 어떤 호소력을 가질 수 있을까? 이것은 모든 부모의 고민이 아닐 수 없다. 자녀가 필요로 하고 듣기 원하는 말을 해 줄 수 없는 부모……. 그 결과는 부모와 자식간의 대화 단절이라는 현실로 나타나고 있지 않은가? 아야슈의 말처럼 부모들은 지나친 확신을 가지는 경우가 많다. 자녀에게 너무 진지하고 무거운 도덕의 짐을 부과하는 대신, 이 책에서 아야슈가 하듯이 삶의 기술, 사회생활의 노하우를 다소 가볍게 제시하고 거기에 간간이 자신의 철학을 가미한다면 세대간의 의사소통이 훨씬 원활해질 것 같다는 생각이 든다.

  따라서 이 책은 청소년들뿐만 아니라 자녀와의 얘깃거리를 찾지 못한 이 땅의 부모들을 위한 책이기도 하다. 이런 책의 매력 때문인지 이 책은 프랑스에서 출간된 지 한 달 만에 3쇄에 돌입하는 등 논픽션부문 베스트셀러가 되었으며, 한국을 포함하여 10개국에서 번역 출간되었다. 이 책이 프랑스에서 얼마나 선풍을 일으켰는가 하는 것은 책이 간행된 후 두 달 사이에 이 책의 주인공인 '프뤼넬'이란 이름으로 출생신고를 하는 아이가 줄을 이었다는 이야기로도 짐작할 수 있다.

  자신과 주위 사람들의 행복한 삶을 위하여 지혜를 찾는 모든 이들에게 권하고 싶은 책이다.

2001년 7월 16일
김주열

옮긴이 김주열

이화여대 불어불문학과와 동 대학원 불어불문학과를 졸업한 후 프랑스 파리 8대학 불문학부 박사과정을 수료했다. 현재는 프랑스 현대문학작품과 교양도서를 번역하고 있으며 특히 아동, 청소년 문학에 많은 관심을 갖고 있다.
옮긴 책으로는 「80일간의 세계일주」, 「제로 전투기」, 「외계인 백과사전」, 「고갱-고갱씨 안녕하세요!」, 「레오나르도 다 빈치-새에게 말을 건 화가」, 「반 고흐-노란 색채의 화가」, 「호기심 많은 꼬마 들쥐」, 「내 여자친구 이야기」, 「내 남자친구 이야기」 등이 있다.

《세상의 모든 딸들에게》
알랭 아야슈 지음 / 김주열 옮김

펴낸이 / 조추자
펴낸곳 / 도서출판 두레
1쇄 펴낸날 / 2001년 9월 5일
4쇄 펴낸날 / 2006년 11월 20일
등 록 / 1978년 8월 17일 제1-101호
주 소 / 서울시 마포구 공덕1동 105-225
전 화 / (02)702-2119(영업) (02)703-8781(편집)
팩 스 / (02)715-9420 e-mail dourei@chol.com

ⓒ 도서출판 두레 2001
ISBN 89-7443-047-9 03860

* 잘못된 책은 바꿔 드립니다.